Disgrace

库切
文集

J. M.
Coetzee

耻

［南非］J.M. 库切 —————— 著

冯涛 —————— 译

人民文学出版社

J. M. Coetzee
DISGRACE

Copyright ⓒ J. M. Coetzee, 1999
By arrangement with
Peter Lampack Agency, Inc.
350 Fifth Avenue, Suite 5300
New York, NY 10118 USA.

图书在版编目(CIP)数据

耻／(南非)J. M. 库切著；冯涛译. —北京：人民文学出版社，2021(2024.12重印)
(库切文集)
ISBN 978-7-02-016936-8

Ⅰ.①耻… Ⅱ.①J… ②冯… Ⅲ.①长篇小说-南非共和国-现代 Ⅳ.①I478.45

中国版本图书馆 CIP 数据核字(2021)第 151666 号

责任编辑　张海香
装帧设计　李思安
责任印制　张　娜

出版发行　人民文学出版社
社　　址　北京市朝内大街 166 号
邮政编码　100705

印　　刷　三河市中晟雅豪印务有限公司
经　　销　全国新华书店等

字　　数　191 千字
开　　本　850 毫米×1168 毫米　1/32
印　　张　9.5　插页1
印　　数　16001—19000
版　　次　2021 年 9 月北京第 1 版
印　　次　2024 年12月第 4 次印刷

书　　号　978-7-02-016936-8
定　　价　58.00 元

如有印装质量问题,请与本社图书销售中心调换。电话:010-65233595

一

对他这样一个五十二岁、离了婚的男人来说,他自认为性事方面的问题解决得还是相当不错的。每周四下午,他开车前往绿点①。下午两点钟,他准时按响温莎大厦大门的门铃,报上自己的姓名,进入大楼。索拉娅在一一三号门口等着他。他径直走进卧室,里面气味芬芳、灯光柔和,他把衣服脱掉。索拉娅从浴室里出来,让浴衣从身上滑落,挨着他钻进被单。"想我了吗?"她问他。"一直都在想。"他回答。他轻抚着她那蜜棕色的、未被阳光晒黑的身体;他让她平躺下来,吻她的乳房;他们做爱。

索拉娅个头高挑、身材苗条,一头长长的黑发,一双清澈的深色眼睛。严格说来,他的年纪足以当她父亲了;可真要严格说来,一个人十二岁就可以当父亲了。他成为她的顾客已有一年多的时间;他发现她完全令他满意。在一星期的沙漠当中,周四变成了一块 luxe et volupté② 的绿洲。

在床上,索拉娅并不热情似火。她的性情实际上相当

---

① 绿点(Green Point),南非立法首都兼西开普省省会开普敦中心城郊区,位于中央商务区西北,是年轻的专业人士和同性恋的聚居区。
② 法语:奢侈与淫逸。

1

文静,文静而又温顺。她所持的一般观点出人意料地讲究道德。她非常反感那些在公共海滩上裸露乳房(她称它们为"奶子")的游客;她认为流浪汉应该被抓起来,让他们去扫大街。至于她是如何协调她的观点与她所从事的业务的,他并没有问。

因为他在她身上得到了乐趣,因为这种乐趣经久不衰,他的内心已经渐渐生出了对她的感情。在某种程度上,他相信,这种感情也是相互的。感情可能并不是爱情,不过至少也是它的亲戚。考虑到他们各自并不乐观的开端,他们俩真够幸运的:他找到了她,而她也找到了他。

他这种情绪,他意识到,是有些自鸣得意,甚至有点婆婆妈妈的。不过他仍旧觉得是又何妨?

为一次九十分钟的幽会,他付她四百兰特①,其中一半到了温雅伴游公司手里。温雅伴游拿这么大的份额似乎有些令人遗憾。不过温莎大厦的一一三和其他公寓都是归他们所有的;在某种意义上,索拉娅也是归他们所有的,至少是她的这一部分,她的这个功能。

他一直半真半假地琢磨着请她在她自己的时间里来看他。他很愿意和她共度一个傍晚,也许甚至整整一晚。不过不会包括次日的早上。他太了解自己了,很知道如果留她到次日早上,到时候他会多么冷淡、乖戾、迫不及待地只想一个人待着。

他的性情就是这样。他的性情也改不了了,年纪太大

---

① 兰特(rand),南非的货币单位,简写作 R。

了。他的性情已经定型了，固定了。这个脑袋，再加上这个性情：这是人身上最顽固的两个部分。

顺性而为吧。这不是一种哲学，他可不会用这样的名号来高抬它。这是个规则，就像本笃会规则①一样。

他身体健康，头脑清楚。论职业，他是，或者说一向是一位学者，学术研究仍旧断断续续地占据了他生活的核心位置。他量入为出、顺性而为、发乎情止乎礼。他幸福吗？依据大多数衡量标准，是的，他相信他是幸福的。不过，他一直都没有忘记《俄狄浦斯王》②那段最后的合唱：人未死，不言福。

在性事方面，论性情他虽需求强烈，却并不热烈。如果要让选一样图腾的话，那就是蛇。索拉娅和他之间的性交，依他的想象，很像是两条蛇之间的交尾：漫长、投入，却相当心不在焉，就算是在最热烈的时候也相当冷淡乏味。

索拉娅的图腾也是蛇吗？她和别的男人在一起的时候无疑会变成另外一个女人：la donna è mobile③。不过在性

---

① 意大利人圣本笃（Saint Benedict，约480—547）于五二九年创立本笃会，并建其第一座修道院于意大利中部之卡西诺山，本笃手订会规，规定修士须发"安贫、守贞、服从"（又译绝色、绝财、绝意）三愿，每日必须按时诵经、祈祷、咏唱"日课"，并从事各种生产劳动。这种把祈祷与工作、诵经与生产、个人灵修与社会活动结合在一起的制度，成为后世天主教隐修制度的典范。

② 《俄狄浦斯王》（*Oedipus Rex*），古希腊三大悲剧作家之一索福克勒斯的代表作，悲剧的主人公俄狄浦斯一心逃脱自己"弑父娶母"的预言，可他一切的努力反而促使他奔向自己的悲剧宿命，亚里士多德在《诗学》中称此剧为悲剧形式的典范。

③ 意大利语：女人善变。威尔第歌剧《弄臣》中的一个著名唱段。

情这个层面上,她和他的相像肯定不是假装出来的。

虽然从职业上来说她是个淫荡的女人,他依然信任她,在一定限度内。在他们幽会的时候,他跟她说起话来是有一定的自由度的,有时候甚至能够倾吐自己的心声。她对他生活中的事实颇为了然。她听他讲过他两次婚姻的经过,知道他有个女儿,以及他这个女儿的起起伏伏。她知道他对很多问题的看法。

关于她在温莎大厦以外的生活,索拉娅没有透露分毫。索拉娅并不是她的真名,这一点他很清楚。有迹象表明,她生过一个孩子,也许还不止一个。也许她根本就不是个职业妓女。她也许每周只为伴游公司工作两三个下午,其余的时间则在郊区——在赖兰兹或阿思隆——过着体面的生活。这对一个穆斯林来说的确有些非同寻常,不过在现如今,一切皆有可能。

有关自己的工作,他讲得极少,不想让她觉得厌烦。他在开普技术大学教书谋生,就是原来的开普敦大学学院。他曾是现代语言的教授,自从古典和现代语言专业在院系合理化大调整中被关停以后,一直担任传播学的副教授。像所有经合理化调整以后的人员一样,他可以每年开设一门专业课,而不管有多少学生注册选修,因为这有助于保持他们的精神面貌。今年他开了一门浪漫主义诗人的课。这门课以外他还负责教传播学一〇一:"传播技巧"和传播学二〇一:"高级传播技巧"。

尽管他每天都要在自己的新学科上花费好几个钟头的时间,他却觉得传播学的基本前提——如传播学一〇一指南中所述——荒唐无稽:"人类社会创造语言以使我们能够相互传递思想、情感和意图。"他自己的观点——他并没有公开宣扬——是:人类的言语能力源自歌唱,而歌唱则源自人类需要以声音来填充过于庞大而且相当空洞的灵魂。

在这样一个可以往前追溯四分之一世纪的职业生涯中,他已经出版过三部专著,没有一部引起过轰动,甚至一点点反响:第一部是有关歌剧的(《博伊托①与浮士德传说:梅菲斯特费勒斯的缘起》),第二部论述作为爱欲之幻想(《圣维克托的理查德②之幻想》),第三部论述华兹华斯与历史(《华兹华斯③与历史之重负》)。

过去的几年当中,他一直三心二意地考虑着写一部有关拜伦的著作。起先,他想这将是他的另一本专著,另一部重要的批评作品。但他好几次执笔写作的三分钟热度全都陷入了满心的厌烦。事实上,他真是厌倦了文学批评,厌倦了一字一行蜗牛爬一样的无聊文章。他真想写的是音乐:《拜伦在意大利》,以室内歌剧形式写成的对两性之间爱情的思考。

他在面对传播学班上的学生时,脑海中经常掠过他这

---

① 博伊托(Arrigo Boito,1842—1918),意大利诗人、作曲家,曾为威尔第的歌剧《奥赛罗》和《福斯塔夫》撰写脚本,代表作即歌剧《梅菲斯特费勒斯》。

② 圣维克托的理查德(Richard of St Victor,? —1173),天主教神学家,其论著对中世纪和近代宗教奥秘神学思潮有深刻影响。

③ 华兹华斯(William Wordsworth,1770—1850),英国诗人,作品歌颂大自然,开创了浪漫主义新诗风,重要作品有与柯勒律治共同出版的《抒情歌谣集》,还写有长诗《序曲》、组诗《露西》等,一八四三年获封桂冠诗人。

部未着笔作品中的乐句、旋律和歌曲的片段。他从来就不是个很好的老师；在这个经过改组，在他看来是经过了阉割的高校中，他比以往更加不得其所。不过，他昔日其他的那些同事也都没什么两样，都苦于无法适应当今教书育人的要求；感觉就像是后宗教时代的一群教士。

由于对自己所教的内容毫无尊重，他的学生对他也没什么好印象。他讲课的时候，他们对他视而不见，连他的名字都记不牢。他们对他的漠视，比他乐于承认的更让他恼怒。尽管如此，他仍旧严格履行他对于学生、他们的家长以及国家应当履行的义务。他月复一月地布置、收取、审阅、批改他们的作业，改正其中标点、拼写和用词的失当，对站不住脚的论点详加质询，对每篇论文都加上一段简短的、经过深思熟虑的评语。

他继续在大学里执教是因为这是他的生计所系；也因为这教给他谦卑做人，让他明白他在这个世界上的位置。这其中蕴含的反讽他也感受颇深：来教书的学得了最深刻的教训，来学习的却一无所获。他这个行业的此一特征，他并没有向索拉娅提起。他怀疑她所从事的职业当中，并没有类似的反讽。

绿点那套公寓的厨房里有一把水壶、几个塑料杯子、一罐速溶咖啡、一钵小袋装的糖。冰箱里有瓶装水。浴室里有肥皂和一摞毛巾，衣橱里有干净的床单枕套。索拉娅把化妆品放在一个小旅行包里。一个幽期密约的地方，仅此而已，实用、干净、井井有条。

索拉娅第一次接待他的时候，涂着鲜红的唇膏，画着浓重的眼影。他不喜欢这样的浓妆艳抹，请她擦掉。她完全服从，而且打那以后就再没化过浓妆。是个敏而好学的好学生，一点即透、言听计从。

他喜欢送她礼物。新年时送了她一只珐琅手镯，开斋节送了她一只孔雀石的小苍鹭，是他碰巧在一家古董店里看中的。他喜欢看她高兴的样子，那是非常真诚自然的。

让他感到惊讶的是，一星期里一个女人九十分钟的陪伴就足以让他感到快乐，而他原本还以为自己需要一个妻子、一个家和一个婚姻。结果他发现自己的需求原来非常轻薄，轻薄而又短暂，就像蝴蝶的需求一样。没有澎湃的激情，或者说只有那最深沉的、最难以猜测的情感：一种心满意足的基础低音，就像使城里人渐渐睡去的嗡嗡的车声，或者让乡下人沉入安眠的夜晚的寂静。

他想起了爱玛·包法利①，不顾一切地狂干了一个下午以后，心满意足、目光呆滞地回到家里。原来这就是极乐！爱玛对着镜中的自己感叹道，原来这就是诗人们所说的极乐！好吧，如果可怜的爱玛的鬼魂能找到开普敦来，他愿意在某个星期四的下午把她带到这儿，让她看看极乐可以是什么样子：稳健的、适度的极乐。

然后，在一个星期六的上午，一切都变了。那天他到城里办事；正走在圣乔治街上的时候，目光落在了前面人群中

---

① 法国作家福楼拜的名著《包法利夫人》的女主角。

一个苗条的身形上。那是索拉娅，错不了，一左一右有两个孩子，两个男孩。手里都拎着大包小包；他们是出来购物的。

他犹豫了一下，然后就远远地跟在后头。他们走进了多雷戈船长鱼栈。两个男孩都生着索拉娅那样亮泽的头发和深色的眼睛。他们只能是她的儿子。

他继续朝前走了一段，掉转头，第二次经过这家餐馆。他们娘仨坐在一张靠窗的桌子边。一刹那间，透过窗玻璃，索拉娅的目光遇上了他的目光。

他一直都是个城里人，置身于滚滚人流中那如箭镞般闪亮的色欲盯梢和偷瞄下完全处之泰然。可是他和索拉娅之间的这次偷瞄却马上就让他后悔不迭了。

在下周四的幽会中，两人谁都没提这个茬。可是，这件事仍旧如鲠在喉，堵得他们很不自在。他完全无意于去搅扰那对索拉娅来说想必是岌岌可危的双重生活。他完全赞同双重生活、三重生活、分隔成一块一块的多重生活。说实话，如果说真有什么不同的话，他倒是因此而对她生出了更多的柔情。你的秘密在我这儿是绝对安全的，他想对她说。

可是已经发生的事情，他们谁都没法把它搁在一边。那两个小男孩总是隔在他们俩中间，在他们的母亲和这个陌生男人交媾的房间角落里，像是影子一样一声不响地玩耍。在索拉娅的怀抱里，他一时间变成了他们的父亲：养父、继父、影子父亲。从她床上下来以后，他感觉他们的目光正暗戳戳地、很好奇地对他偷瞄个不停。

他不由自主地想到了另外那位父亲，那个真正的父亲。

他有那么一点点察觉到他妻子都在干些什么吗？抑或他是乐得假作不知？

他没有儿子。他的童年是在一个都是女人的家庭里度过的。当母亲、姑姨、姐妹们渐渐淡出以后，她们的位置依次被情妇、妻子和一个女儿所代替。在女人堆里成长的经历使他成为一个热爱女人的人，成为一定程度上的好色之徒。以他的个头、他匀称的骨架、他橄榄色的肌肤、他飘逸的头发，一定程度上，他总是能指望自己对女人的魅力的。如果他以某种方式、怀着某种意图对一个女人看上那么一眼，对方肯定是会回看他一眼的，这一点他拿得准。这曾经也就是他的生活方式：多年来，数十年来，这就是他人生的支柱。

后来有一天，这一切都结束了。他的魅力毫无征兆地消失不见了。那些曾经对他的偷瞄马上做出反应的眼风，如今却在越过他、绕过他、穿过他。一夜之间他就变成了个幽灵。如果他想要一个女人的话，他就得学着去追求她；而且经常是要以这样或那样的方式花钱去买她了。

他开始饥不择食地乱交起来。他和大学同事的妻子们私通；他在海滨的酒吧或是意大利俱乐部里与游客们寻欢；他和妓女们睡觉。

他初识索拉娅是在温雅伴游公司管理部门的一个昏暗的小起居室里，窗户上拉着百叶窗帘，角落里摆着几种盆栽植物，空气里有股子陈旧的烟味。她被归在"异国风情"那一栏内。照片上的她头发上插着一朵红色西番莲，眼角有非常细微的皱纹。她名下注明"仅限下午"。正是这一点让他选定了她:这保证了百叶窗低垂的房间、凉爽的床单、偷来的时间。

从一开始就是非常令人满意的,正是他想要的结果。真可谓一箭中的。一年以来,他都无须再去找经纪公司了。

然后就出了圣乔治街上的那个小意外,以及随之而来的不自在。索拉娅虽说仍旧如约和他幽会,可他感到他们之间有了一种日益增长的冷淡,把她变成了另一个女人,把他变成了另一个客户。

对于妓女们之间是如何谈论她们的常客,尤其是上了年纪的客人的,他是有知人之智和自知之明的。她们会谈谈讲讲,她们会笑语喧阗,但她们也会打个哆嗦,就像三更半夜在浴缸里发现一只蟑螂时的反应一样。要不了多久,他就会被她们客客气气而又心怀恶意地给哆嗦掉了。这就是他无法逃脱的命运。

那个意外发生之后的第四个星期四,在他离开那个公寓的时候,索拉娅宣布了一件他一直在为之进行心理建设的事情:"我母亲病了。我要请几天假好照顾她。下周我就不过来了。"

"再下一周能见到你吗?"

"我不能确定。这得看她恢复得如何了。你最好先打个电话。"

"我没你的电话号码。"

"打给经纪公司。到时候他们会知道的。"

他等了几天,然后给经纪公司打了个电话。索拉娅?索拉娅已经离开我们公司了,那个人道。不行,我们不能让您跟她直接联系,这是违反公司规定的。您想让我帮您介绍其他的服务员吗？ 异国风情的有的是,您可随意选择——马来西亚的、泰国的、中国的,应有尽有。

他和另一个索拉娅共度了一晚——看来,索拉娅已经成了个非常流行的 nom de commerce①——在长街②的一个酒店房间里。这个索拉娅不会超过十八岁,非常青涩,在他看来有些粗俗。"你是干什么的?"她宽衣解带的时候问他。"进出口。"他说。"还真看不出来。"她说。

他们系里新来了个秘书。他带她去一家距离他们学校颇有段距离的餐馆吃午饭,隔着一盘鲜虾色拉听她抱怨她儿子们的学校如何不好。毒贩子就在操场上转悠,她说,警察什么都不管。她和她丈夫已经在新西兰总领馆的移民名单上等了足足有三年了。"你们这些人日子过得就舒服多了。我是说,不管境况是好是坏,至少你们知道该如何自处。"

"你们这些人?"他说,"我们是什么人?"

"我是说你们这代人。现在这代人挑挑拣拣,只选择他们愿意服从的法律。这是无政府主义。你怎么能在四周都是无政府状态的地方养儿育女呢?"

她叫唐恩。第二次带她出去的时候,他们就去了他家,做了爱。结果大为失败。她又是抗拒又是抓挠,硬做出一副无比兴奋、口沫横飞的样子,结果只让他觉得大倒胃口。

---

① 法语:艺名。
② 长街(Long Street),开普敦市中心的一条主动脉,沿街有众多的餐馆、酒吧、酒店、书店和剧院,以多元文化退迩闻名。

他借给她一把梳子,开车把她送回了学校。

打那以后他就尽量避开她,远远地绕着她的办公室走。她那方面则摆出一副大受伤害的神情,然后也就对他不理不睬了。

他应该放弃,从性爱游戏中全身而退了。他很想知道,奥利金①到底是在什么岁数上自阉的? 这算不得最优雅的解决办法,不过日渐衰老本来就不是什么优雅的事情。至少这等于是把甲板清洗干净,这样你就能把注意力转移到老年人该做的事情上了:为死做好准备。

也许你可以去找个医生让他帮你? 肯定是个相当简单的小手术:他们每天都对动物这么干,而动物也都活得好好的,如果你忽略掉那肯定会残留下来的一点悲伤的话。切掉,再结扎一下:局部麻醉一下,手不要抖,外加一点冷静沉着,你甚至能照着一本教材自己来做。一个男人坐在一把椅子上阉割自己:这情景真够丑陋的,可是从某个角度来看,也并不比同样这个男人在一个女人的身体上面瞎忙活更加丑陋。

还有索拉娅的这桩事情没有完。他应当把这一页彻底翻过去。可是他却雇了个侦探去找寻她。不出几天,他就弄到了她的真实姓名、住址和电话号码。他选在上午九点钟,她丈夫和孩子应该都不在家的时候打了过去。"索拉娅?"他说,"我是戴维。你还好吗? 我什么时候能再见

----

① 奥利金(Origen,约185—约254),早期希腊教会最重要的神学家和《圣经》学家,最伟大的著作是《六文本合参》,即六种文本并列的《旧约》经文。据说他年轻时为了便于教诲女性学生而自阉。

12

到你?"

她沉默了半晌才说话。"我不知道你是谁,"她说,"你是在我自己的家里对我进行骚扰。我要求你再也不要往这儿给我打电话了,再也不要了。"

要求。她的意思是命令①。她声音的尖锐刺耳让他感到吃惊:以前她可是从来都不这样讲话的。不过既然是掠食者闯入了雌狐的巢穴,闯入了她那窝幼兽的家,除此以外你还能指望她怎么做呢?

他放下了电话。心头掠过一丝对他从未见过的那位丈夫的妒意。

---

① 索拉娅是外国人,应该用"command",她用的是"demand"。

二

没有了星期四的插曲,整个一周就像是沙漠一般黯然失色。有些日子他简直不知道自己该怎么办了。

他泡在大学图书馆的时间更长了,凡是和拜伦多少扯得上一点关系的书他全都找来阅读,往已经记满两厚册文件簿的笔记中继续增添新的内容。他很喜欢下午临近黄昏时分阅览室里的安静,喜欢离开图书馆以后步行回家:那爽脆的冬季空气,那潮润的、闪着微光的街道。

一个星期五的傍晚,他回家的时候走了一条穿过老学院花园的远路,路上注意到他的一个学生正走在他前面。她名叫梅拉妮·伊萨克斯,是他浪漫主义诗人课上的学生。既不是最好的,也不是最差的:人挺聪明,就是不太用功。

她在慢悠悠地闲逛;他很快就赶上了她。"哈啰。"他打了声招呼。

她冲他微微一笑,点头致意,她笑容中的狡黠甚于羞涩。她矮而瘦,一头黑发剪得很短,面颊很宽,几乎像是中国人,两只很大的深色眼睛。她的穿着总是引人注目。今天她穿了条褐紫色的超短裙,上身是一件芥末色的针织衫,

14

下面配黑色连裤袜;腰带上金色的小配饰和耳环上的金色小球相呼应。

他是有点儿为她倾倒的。这没什么大不了:一个学期下来,班上的那些学生当中他总能爱上那么一两个。开普敦:一个到处都是美景和美人的城市。

她知道他对她另眼相看吗? 很可能。女人对此,对渴望的目光的分量是非常敏感的。

一直下着雨;小径两边的水沟里淌起了细细的水流。

"我最喜欢的季节,我最喜欢的时刻,"他感慨道,"你住这儿吗?"

"就在对过。和别人合租了一套公寓。"

"你是开普敦人吗?"

"不,我是在乔治①长大的。"

"我就住在附近。能请你去我那儿喝点什么吗?"

沉吟片刻,非常小心。"好吧。不过七点半前我得回去。"

穿过花园,就来到了路头那片安静的小住宅区,他在那儿已经住了有十二年,先是和罗莎琳德一起,离婚后就一个人住。

他打开防盗门,打开房门,把姑娘领进屋。他开灯,接过她的包。她头发上有雨珠子。他盯着她,并不掩饰恋慕的神情。她垂下眼皮,脸上又露出和先前同样躲躲闪闪,甚至是卖弄风情的浅浅笑容。

———————

① 乔治(George),南非西开普省第二大城市。

在厨房里,他开了一瓶美蕾酒①,在盘子里摆上饼干和奶酪。回到客厅的时候,她正站在书架前,头偏在一边细看书脊上的书名。他开了唱机:莫扎特的单簧管五重奏。

美酒,音乐:男女之间使出的惯用招数。惯用招数并没有什么不好,它们发明出来就是为了缓和那些尴尬桥段的。可是他带回家里来的这个姑娘可不光是比他小了三十岁:她还是个学生,他的学生,在他的监护之下。他们之间不管现在会发生什么,他们还是要以老师和学生的身份再次见面的。对此他有心理准备吗?

"你喜欢这门课吗?"他问。

"我喜欢布莱克②。我喜欢磨号之类的玩意儿。"

"是魔号③。"

"我对华兹华斯不太感冒。"

"你不该对我这么说。华兹华斯可是我最看重的大师之一。"

这是真话。因为就他的记忆所及,《序曲》那悦耳的音调一直都在他脑海中回响。

"也许到课程结束的时候我会更为欣赏他一些。也许

---

① 美蕾酒(Meerlust),产于南非西开普省美蕾酒庄的一款红葡萄酒。另外,"Meerlust"谐音"mere lust":纯粹的欲望。

② 布莱克(William Blake,1757—1827),英国诗人和版画家,善用歌谣体和无韵体抒写理想和生活,作品风格独特,有诗集《天真之歌》《经验之歌》等。

③ "魔号"应是德文"Wunderhorn",梅拉妮说成了英文"Wonderhorn"。"魔号"典出《少年的魔号》(*Des Knaben Wunderhorn*),原是德国一首著名的民歌,后由作曲家古斯塔夫·马勒谱写为同名人声与钢琴和管弦乐组曲。

他会越来越让我喜欢的。"

"也许吧。不过以我的经验,诗要么让你一见倾心,要么就跟你完全无缘。神启般的电光一闪和灵犀般的心心相印。就像是闪电。就像是坠入爱河。"

像是坠入爱河。年轻人还会坠入爱河吗?还是说这种机制已经过时了,无此必要、古色古香,就像蒸汽火车一样?他已经失去概念,完全落伍。据他所知,坠入爱河可能已经先是落伍过时然后又时兴回来了十好几趟了。

"你自己写诗吗?"他问。

"上中学的时候写过。写得不很好。现在没时间写了。"

"那么激情呢?你有没有什么文学上的激情呢?"

她对这个奇怪的词儿皱了皱眉头①。"二年级的时候我们读过阿德里安娜·里奇②和托妮·莫里森③。还有艾丽斯·沃克④。我读得还是挺投入的。可准确地说,我是不会称之为激情的。"

所以:她不是个富有激情的人。她是在以最为迂回的

---

① "passion"这个词除"激情""热爱"以外,还有"强烈的情欲"这一主要义项。

② 阿德里安娜·里奇(Adrienne Cecile Rich, 1929—2012),美国著名女同性恋诗人、随笔作家和女性主义者,被誉为"本(二十)世纪后半叶读者最多、影响最大的诗人之一"。

③ 托妮·莫里森(Toni Morrison, 1931—2019),美国著名黑人女小说家,代表作有《宠儿》《最蓝的眼睛》《所罗门之歌》等,一九九三年获诺贝尔文学奖,是第一位获此殊荣的黑人女作家。

④ 艾丽斯·沃克(Alice Walker, 1944—),美国黑人女小说家、诗人和社会活动家,代表作《紫颜色》获得美国国家图书奖和普利策奖。

方式提醒他离她远一点吗?

"我要开始凑合一顿晚饭了,"他说,"愿意和我一起来弄吗?非常简单的。"

她显得很没把握。

"来吧!"他说,"答应就是了!"

"那好吧。不过我得先打个电话。"

电话打得比他预料的要长。从厨房里,他听到阵阵的低语声和间杂的阵阵沉默。

"你有什么样的职业打算?"等她打完电话后他问。

"舞台技术和设计。我正在考一个戏剧方面的证书。"

"那你为什么要选一门浪漫主义诗歌的课程呢?"

她考虑了一会儿,皱了皱鼻子。"我选它主要为的是换换心情,"她说,"我不想再选莎士比亚了。去年我选的就是莎士比亚。"

他凑合的这顿晚饭确实很简单:凤尾鱼意大利宽面配蘑菇酱。他让她负责把蘑菇剁碎。此外她就坐在一个圆凳上看着他做饭。饭是在餐厅里吃的,又开了第二瓶红酒。她吃得相当尽兴。她人这么瘦小,胃口倒真是不错。

"你总是自己做饭吗?"她问。

"我一个人过。我要是不做,就没人做了。"

"我讨厌做饭。不过我想我应该学学。"

"干吗要学?你要是真讨厌做饭,就嫁个会做饭的男人。"

他们一起想象着这样一幅画面:年轻的妻子穿着大胆的衣服、戴着俗丽的首饰大踏步从门外进来,不耐烦地用力嗅着屋里的空气;做丈夫的,那毫无特色的理想男人,系着围裙,在热气腾腾的厨房里搅和着煮锅。大反转:布尔乔亚喜剧的材料。

"就这些了,"意大利面吃得干干净净以后他说,"没有甜点,除非你想吃个苹果或者酸奶。抱歉——我没想到今天会有客人来。"

"很不错了,"她喝干杯里的酒,边说边站起身来,"谢谢你的晚餐。"

"先别急着走。"他拉起她的手,把她领到沙发前,"我有东西给你看。你喜欢跳舞吗? 不是自己跳:看人家跳。"他把一卷录影带塞进录像机,"这是一个叫诺曼·麦克拉伦①的人拍的片子。看看你觉得怎么样。"

两人并肩观看。两位舞者在光秃秃的舞台上移动着他们的舞步。是由一架频闪摄像机拍摄的,两人的影像、他们动作的重像,就像鸟翼的扑闪一样在他们身后如扇状散开。他第一次看这部影片是四分之一个世纪以前了,直到现在仍深深为其吸引:眼前的这一瞬与那一瞬的过去,转瞬即逝,又在同一个空间被抓个正着。

他希望这姑娘也能为其所吸引。不过他感觉到她并没有。

———————————

① 诺曼·麦克拉伦(Norman McLaren,1914—1987),苏格兰裔加拿大动画片制作人、导演和制片人,在动画片和影片制作的多个领域,包括手绘动画、视觉音乐、抽象电影、实体动画和图像音响,都堪称先锋。下文播放的这部影片极有可能是麦克拉伦摄制于一九六八年的《双人舞》(Pas de deux)。

影片放完以后,她站起身来在屋子里转悠了一会儿。她掀起钢琴的琴盖,按了一下中央 C 键。"你弹钢琴吗?"她问。

"弹一点。"

"古典的还是爵士的?"

"不是爵士的,恐怕。"

"愿意为我弹点什么吗?"

"现在不行。疏于练习了。改天吧,等我们相互间更熟悉些的时候。"

她探头往他的书房里瞄了一眼。"我能看看吗?"她问。

"把灯打开吧。"

他又放了更多的音乐:斯卡拉蒂①的奏鸣曲,猫乐②公司的流行歌。

"你有好多有关拜伦的书哦,"从书房出来后她道,"他是你的最爱吗?"

"我正在写一本有关拜伦的书。写他在意大利的那一段。"

"他不是死得很早吗?"

"三十六岁。他们死得都很早。要么就枯竭了。要么就发了疯被关了起来。不过拜伦不是死在意大利的。他死

---

① 斯卡拉蒂(Giuseppe Doménico Scarlatti,1685—1757),意大利作曲家、古钢琴家,A. 斯卡拉蒂之子,作品主要有单乐章奏鸣曲五百余首,扩展了键盘音乐的形式。

② 猫乐(cat-music),罗马尼亚布加勒斯特的一家著名唱片厂牌。

在希腊。他去意大利是为了躲避一桩丑闻,就在那儿住了下来。定居下来。经历了他一生中最后一次重要的恋情。在当时,意大利是英国人很喜欢去的地方。他们相信意大利人仍旧没有丧失他们的天性。较少受到社会习俗的限制,更富有激情。"

她又在房间里转悠了一圈。"这是你妻子吗?"她问,在咖啡桌前相框里的那张照片面前停下来。

"是我母亲。年轻时照的。"

"你结婚了吗?"

"结过。两次。不过现在是单身。"他并没有说:现在我是碰上谁就跟谁凑合。他并没有说:现在我和妓女瞎凑合。"再喝杯利口酒吗?"

她不想再喝利口酒了,不过却接受了往她的咖啡里加一口威士忌。她啜饮的时候,他摸了摸她的面颊。"你非常可爱,"他说,"我想邀请你干点不计后果的事。"他又摸了摸她,"留下来。和我一起过夜吧。"

透过杯子的边沿,她定定地凝视着他。"为什么?"

"因为你应该这么做。"

"我为什么应该这么做?"

"为什么? 因为一个女人的美并不属于她自己。这是她带给这个世界的馈赠的一部分。她有义务与别人分享它。"

他的手仍旧贴在她脸颊上。她没有退缩,不过也没有屈从。

"要是我已经和别人分享了呢?"她的语气中有一丝喘

不过气来的感觉。有人求爱总是让人兴奋的:让人兴奋的愉悦。

"那你就该跟更多的人分享。"

花言巧语,就如同诱奸一样古老。不过在这一刻,他相信它们是真的。她并不拥有她自己。美并不拥有它自己。

"我们要美丽的生灵不断蕃息,"他说,"能这样,美的玫瑰才永不消亡。"①

一步昏招。她笑容中那轻俏的、戏谑的神情不见了。这五音步的诗行,其韵律曾使毒蛇的话语都变得优美动听的,如今却只使得他们疏远了起来。他又变成了一位教师,一个掉书袋的,一个文化库藏的守护人。她放下了杯子。"我得走了,有人在等我。"

云彩散去,星光闪烁。"多美的夜晚。"他打开花园门的时候说。她没有抬头。"要我送你回去吗?"

"不。"

"很好。晚安。"他伸出手臂拥抱了她。一时间,他能感觉到她小小的乳房紧贴着他。然后她挣脱了他的怀抱,走了。

---

① 出自莎士比亚《十四行诗集·一》,采用屠岸译本。

三

　　他应该到此为止的。可他没有。星期天上午,他开车来到空荡荡的校园,走进系办公室。他从文件柜里找出梅拉妮·伊萨克斯的入学注册卡,把她的个人信息抄了下来:家庭住址、在开普敦的住址、电话号码。

　　他拨了电话号码。接电话的是个女人。

　　"梅拉妮吗?"

　　"我去叫她。请问是谁?"

　　"告诉她是戴维·卢里。"

　　梅拉妮——美乐地①:俗丽的韵脚。对她来说不是个好名字。移动一下重音,梅腊妮②:黑美人。

　　"哈啰?"

　　从这声招呼里他就听出了她全部的没把握。太年轻了。她不知道该怎么对付他;他应该放过她的。可他身不由己。美的玫瑰:这句诗像支箭一样长驱直入、正中靶心。她自己并不归她所有;或许他自己也并不归他所有。

---

　　① 原文为 Melanie—melody。

　　② 原文为 Meláni。

"我想你可能愿意出来吃个午饭，"他说，"我来接你吧，要么就定在十二点。"

她这时仍然来得及撒个谎，来个金蝉脱壳的。可是她实在是不知所措，那一刻也就转瞬即逝了。

他到的时候，她等在公寓楼外面的人行道上。她穿了黑色的连裤袜，上身是一件黑色的针织衫。她的臀部小小的，像个只有十二岁的小姑娘。

他带她去了豪特湾①，去了海港。一路上他都尽量想让她放松下来。他问起她其他功课的情况。她正在参加一出戏的排练，她说。那是她要获得的戏剧证书的必修课。排练花了她大量的时间。

在餐厅里她一点胃口都没有，只是闷闷不乐地凝视着外面的大海。

"出了什么事吗？愿意告诉我吗？"

她摇了摇头。

"你是在担心我们俩的关系？"

"也许吧。"她说。

"没必要。有我呢。我不会让它失去控制，走得太远的。"

太远。在这种情况下，怎么叫远，怎么叫太远？对她来说的太远和他的太远是一回事吗？

开始下起雨来：一道道雨帘摇摆着掠过空旷的海湾。

_____

① 豪特湾（Hout Bay），开普敦以南的一个城镇，位于开普半岛大西洋沿岸地区的一个峡谷中，距开普敦中央商务区二十公里。

"我们回去吧?"他说。

他把她带回自己家。在起居室的地板上,和着雨点在窗户上的拍打声,他和她做爱。她的身体光洁、单纯,自有其完美的魅力;她虽然自始至终都消极被动,他还是发现其过程无比愉悦,愉悦到他从高潮一下子就进入了不省人事的沉睡中。

他醒过来的时候,雨已经停了。那姑娘躺在他身体下面,眼睛闭着,两只手懒懒地搭在头上,眉头微蹙。他自己的手在她那件粗针大线的针织衫底下,握住了她的乳房。她的连裤袜和内裤揉成一团扔在地板上;他的裤子褪到了脚踝边。暴风雨后,他想:就像直接从乔治·格罗茨①的画里走出来的一样。

她别过脸去,从他身体下面挣脱出来,收拾起自己的东西,离开了这个房间。几分钟后她回来的时候已经穿戴齐整。"我得走了。"她轻声道。他并没有再挽留她。

第二天早上醒来的时候,他有一种深切的幸福感,而且一直没有消散。梅拉妮没来上课。他在办公室里打电话给一家花店。送玫瑰?也许还是不要玫瑰的好。他订购了康乃馨。"红的还是白的?"那女人问。红的?白的?"送十二枝粉色的吧。"他说。"我没有十二枝粉色的。送十二枝杂色可以吗?""那就杂色的吧。"他说。

星期二下了一整天的雨,从西边吹来的厚厚的乌云罩

---

① 乔治·格罗茨(George Grosz,1893—1959),德国达达派画家,以讽刺夸张的漫画和色彩强烈的油画批判这个"破产的世界"、表达他愤懑而又绝望的悲观主义情绪。

25

在整个城市上空。下午的课程全部上完以后,隔着传播学系大楼的门厅,他看到她和一小群学生一起在门口,等着大雨稍停。他赶到她身后,一只手抚在她肩膀上。"在这儿等我一下,"他说,"我开车送你回去。"

他回来时带了一把伞。穿过广场去停车场的路上,他拉她靠他更近些好给她遮雨。一阵突如其来的狂风把伞吹成了喇叭花;他们俩一起狼狈地朝汽车奔去。

她穿了件亮闪闪的黄色雨衣;在车里,她把帽兜往下拉了拉。她面色潮红;他能感觉到她的胸脯一起一伏的。她舔去了上唇上的一滴雨珠。真是个孩子!他想道:也就是个孩子!我这是在干吗?可是他内心仍翻腾着欲望。

他们在黄昏时分拥挤的车流中慢慢往前开。"昨天我想念你来着,"他说,"你没事吧?"

她没回答,只盯着车窗前的雨刷。

在等一个红灯的时候,他把她一只冰冷的手握在手里。"梅拉妮!"他说,竭力想使自己的语气显得轻松一些。可他已经忘了如何卿卿我我了。那声音在他听来更像是个哄骗孩子的父亲,而不是个情人。

他在她的公寓楼前停下车。"谢谢。"她说,打开了车门。

"你不打算请我进去吗?"

"我想我的室友在家呢。"

"今晚怎么样?"

"今晚我要排练。"

"那我什么时候能再见到你?"

她没回答。"谢谢你。"她重复了一遍,下了车。

星期三的课她来了,在她惯常坐的位子上。他们还在讲华兹华斯,正讲到《序曲》的第六卷,诗人是在阿尔卑斯山上。

"从一道光秃的山脊——"他朗声读道:

> 我们也首次看到那
> 原形毕露的勃朗峰之巅,同时忧伤地
> 感到眼前出现的这一毫无生气的形象
> 篡夺了一种不可能再出现的
> 活生生的思想

"所以。这雄伟壮丽的白色山峰,勃朗峰,居然成了令人失望的厌物。为什么?让我们就从那个不同寻常的动词篡夺(usurp upon)说起吧。有哪位同学在词典里查过这个词吗?"

一片沉默。

"如果你查了,你就会发现'usurp upon'的意思是'侵犯'或是'侵占'。'Usurp'是'全部接管',是'usurp upon'的完成时;'usurping'完成了'usurping upon'的动作。

"云散了,华兹华斯说,山峰露出来了,看到它我们很伤心。奇怪的反应,对一个阿尔卑斯山的旅人而言。为什么会伤心?因为,他说,那形象毫无生气,只是视网膜上的一个形象,它已经侵犯了迄今为止一直都是活生生的一个思想。那个活生生的思想又是什么呢?"

又是一片沉默。他对之讲话的那片空气就像块床单一样没精打采地挂在那儿。他们是想抱怨：一个人看着一座山，为什么一定要弄得这么复杂？他能给他们什么样的答案？那第一个晚上他是怎么对梅拉妮说的？没有神启般的闪光，就什么都没有。这间教室里的神启之光又在哪儿呢？

他飞快地瞥了她一眼。她头低着，全神贯注在文本当中，或者貌似是这样。

"'Usurp'这个词在几行之后再次出现。'篡夺'是阿尔卑斯组诗当中的深层主题之一。那精神世界的伟大原型，那纯粹的理念，发现自己被单纯的意象给篡夺了。

"可我们不可能在一个纯粹理念的世界里过我们的日常生活，与感性经验完全隔绝。问题并不是：我们怎么才能保持想象的纯粹，使它免受现实的暴击？问题只能是：我们能否找到一个使这二者和谐共处的办法？

"来看第五百九十九行。华兹华斯写的是感官知觉的局限。这个主题我们之前也提到过。当感觉器官达到其能力的极限时，它们的感觉之光就开始熄灭了。不过就在它终结之时，这光会像烛火一样最后往上一跳，使我们得以瞥见那原本看不见的东西。这一段比较难理解；也许甚至和观看勃朗峰的那一段是相抵牾的。尽管如此，华兹华斯仍像是在摸索着走向一个平衡：既不是包裹在云里雾里的纯粹理念，也不是燃烧在视网膜上的视觉表象——以其不可否认的明晰淹没我们、让我们失望——而是一种意象，尽可能地保持其稍纵即逝的性质，作为一种搅动或者激发深埋于我们记忆的土壤中的理念的方法。"

他停顿了片刻。云里雾里,完全不解。他是讲得太深、太快了。要怎么才能让他接近他们？怎么才能让他接近她呢？

"这就像是恋爱,"他说,"你要是看不见的话你根本就不可能爱上什么人。可是话又说回来了,你当真希望以视觉器官冷静而又清晰地去看透你的至爱吗？也许为你凝视的目光蒙上一层薄纱对你可能更好,这样才能让她活在她的原型中,以其女神一样的形象。"

这很难说是华兹华斯的原意,不过至少这把他们都唤醒了。原型？他们暗自琢磨。女神？他在说些什么呀？这老家伙懂得什么爱情？

一个记忆涌上心头:在地板上,他用力把她的针织衫从头上往下脱,露出她那匀称、完美的小小乳房的那一刻。她第一次抬头看他;她的目光碰上了他的,刹那间看清了一切。茫然不知所措,她垂下了目光。

"华兹华斯写的是阿尔卑斯山,"他说,"我们国家没有阿尔卑斯山,但是我们有德拉肯斯山脉①,或者更小规模的桌子山②,我们可以仿效诗人们的榜样去爬一爬,希望也能获得那样的神启,体验一下我们都听说过的华兹华斯式的瞬间。"现在他就只是在说个不停,敷衍塞责了,"可这样的

---

① 德拉肯斯山脉(Drakensberg),非洲南部山脉,高达三千四百七十五米,从南非的德兰士瓦省东北部延伸至开普省东南部,延绵一千一百二十五千米。

② 桌子山(Table Mountain),南非的平顶山,俯瞰开普敦市和桌湾,耸立于高而多岩石的开普半岛北端。

瞬间,是唯有在把我们的目光一半转向我们内在拥有的那些伟大的想象的原型时,才有可能出现的。"

够了!他自己都厌烦了他讲话的那声音了,也为她感到抱歉,不得不听这些遮遮掩掩的亲昵话语。他宣布下课,然后又逗留了一会儿,希望能跟她说句话。可是她混在人群中溜掉了。

一个礼拜前,她还不过是班上那些漂亮脸蛋中的一个。现在,她已经成了他生命中的一个存在,一个鲜活的存在。

学生活动大楼的会堂里一片黑暗。他悄悄在后排找了个座位坐下。除了前几排有一个身穿门卫制服的秃顶男人以外,他是唯一的观众。

《环球美发厅里的日落时分》是这出正在排演的戏的名字:一出描写新南非的喜剧,故事发生在约翰内斯堡,希尔伯罗①的一家美发沙龙里。舞台上一个炫耀浮夸而又喧闹兴头的发型师正在为两位顾客服务,一位是白人,一位是黑人。三人间是喋喋不休的废话和闲扯:有笑话,也有诟骂。情感的宣泄似乎就是首要的原则:所有那些旧有的偏见全都给抖搂到光天化日之下,然后在一阵阵大笑中被冲洗得干干净净。

第四个人物上场了,是个脚踩松糕鞋、脑袋上一嘟噜一嘟噜小鬈发的姑娘。"先坐下,亲爱的,我这就来为你服务。"发型师说。"我是来应聘的,"她回答道——"你们广

_____

① 希尔伯罗(Hillbrow),约翰内斯堡内城的一个住宅区。

告上登的职位。"她讲话带有非常明显的开普敦口音;那就是梅拉妮。"啊哈,那就拿把扫帚干点有用的吧。"发型师道。

她拿起一把扫帚,脚步蹒跚地推着它四处乱扫。扫帚和一根电线搅在了一起。这时候应该有电光一闪,接着是一声尖叫和四散奔逃,可是在同步性上出了点差错。导演大踏步来到舞台上,她身后跟着上来一个身穿皮夹克的年轻人,在电源插座那儿鼓捣开了。"一定要更加突然一些,"导演道,"更多些马克斯兄弟①式的气氛。"她转向梅拉妮,"好吗?"梅拉妮点了点头。

他前面的门卫站起身来,沉重地叹了口气,离开了会堂。他也应该走了。实在是有失体面,坐在暗处窥探一位姑娘(色狼这个词不请自来地浮上心头)。可是他似乎马上就会加入其中的那个老年人的行列———一口残缺的假牙,耳朵里长满耳毛,穿着污渍斑斑的雨衣四处流浪———他们也都曾是上帝的宠儿,身姿挺拔,目光明亮。你能因为他们直到最后都贪恋着甜蜜的感官盛宴上的位子不肯离去而责备他们吗?

舞台上的情节重新进行下去。梅拉妮推着她的扫帚。砰的一声,电光一闪,尖叫声四起。"这不是我的错,"梅拉妮大声地抱怨道,"我的天哪,为什么样样事情都总是我的错?"他悄没声地站起身,跟着那位门卫来到了外面的黑

---

① 马克斯兄弟(Marx Brothers),美国杂耍、电影喜剧演员家族,二十世纪三十年代主要由四兄弟组成喜剧团体,曾分别主演过电影《动物饼干》《歌剧院之夜》《大商店》等。

暗中。

第二天下午四点钟,他来到了她的公寓。她开了门,身穿皱巴巴的 T 恤衫、紧身骑行短裤,脚上一双漫画书里囊地鼠形状的拖鞋,他觉得傻里傻气的,毫无品味。

他事先没说要来;她太吃惊了,一时间没办法抗拒他这个霸王硬上弓的闯入者。当他把她抱在怀里的时候,她的四肢就像个牵线木偶般耷拉下来。他的话就像棍棒般砰砰地砸进她那纤弱的耳蜗。"不行,现在不行!"她挣扎道,"我表姐马上要回来啦!"

可什么都挡不住他了。他把她抱到卧室里,一把抹掉那双可笑的拖鞋,吻她的脚,由此而生的感觉让他大为惊异。可能跟舞台上那怪异的情形不无关系:那假发,那扭动的屁股,那粗鲁的对话。奇怪的情爱!可是从阿佛洛狄忒——那泡沫翻滚的海浪女神①的颤抖中可以看出,这情爱又是毫无疑问的。

她没有抗拒。她所做的就只是把自己避开:把嘴唇避开,把眼睛避开。她让他把自己放倒在床上,脱掉她的衣服;她甚至还协助他,先是抬起胳膊,然后抬起屁股。她浑身起了一阵微微的冷战;刚把衣服脱完,她就像只挖洞的鼹鼠般钻进绗缝被套里,朝他背转过身去。

不是强奸,不完全是,不过终究不是两厢情愿的,绝对

---

① 阿佛洛狄忒(Aphrodite),古希腊性爱与美貌之女神,由于希腊语的 aphros 一词有"泡沫"的意思,所以传说她是从乌拉诺斯(天空)被其子克洛诺斯投入海中的生殖器所产生的白色泡沫中诞生的。

不是两厢情愿的。就好像她已经决定随便他了,决定在这期间就当自己是死了,就像一只脖子已经被狐狸叼在嘴里的兔子。所以想对她怎样就尽可以对她怎样,她就仿佛,离得远远的似的。

"保琳随时都可能回来。"完事后她说,"求你了。你必须走了。"

他照办了,可是然后,当他来到自己的车前,他突然一下子感觉如此沮丧,如此无趣,以至于他颓然呆坐在方向盘后面,没法动弹。

错了,大错特错。此时此刻,他毫不怀疑,她,梅拉妮,正竭力把因这次交媾,因为他而玷污的自己清洗干净。他眼看着她在浴缸里放满水,进入水中,眼睛就像梦游一样紧闭着。他都很想溜进自己的浴缸。

一个两腿粗短、一身正经八百的职业套装的女人从车旁走过,进入了那幢公寓楼。这就是梅拉妮那么怕其微词的那位同屋的保琳表姐吗?他强自振作,开车走了。

第二天,她没来上课。这次缺课可不妙,因为正是期中考试的日子。待他事后填写注册簿的时候,他打了个表示出勤的钩,填了个七十分的成绩。在那一页的页脚位置他用铅笔给自己注了一笔:"暂定"。七十分:一个犹犹豫豫的分数,既不好也不坏。

接下来的整个一周她都没有露面。他一次又一次地打电话,都没人接听。然后,礼拜天的半夜,门铃响了。是梅拉妮,从头到脚一身黑,还戴着一顶黑色的羊毛小帽。她一张脸拉得老长;他做好了心理准备等着她破口大骂,等着她大闹一场。

她并没有吵闹。事实上,她倒是那个局促不安的人。"今晚我能睡在这里吗?"她低声道,避开他的目光。

"当然,当然。"他如释重负。他伸出手来,抱住她,把她那僵硬、冰冷的身体紧紧拥在怀里。"来,我给你沏点茶。"

"不,不要茶,什么都不要,我累极了,我只需要睡一觉。"

他在女儿从前的房间里为她铺好床,吻吻她祝她晚安,就离开了房间。半小时后他回来的时候,她已经沉沉睡去,衣服都没脱。他把她的鞋子脱掉,给她盖上被单。

早上七点钟,鸟儿开始鸣叫的时候,他敲了敲她的门。她醒了,躺在床上,被单一直拉到下巴底下,看起来很憔悴。

"你觉得怎么样?"他问。

她耸耸肩。

"出什么事了吗?想谈谈吗?"

她默默地摇了摇头。

他坐在床上,把她拉到自己怀里。在他怀抱里,她开始痛苦地抽泣起来。尽管这样,他还是感到一阵欲望的升腾。"好啦,好啦,"他轻声道,试图安慰她,"跟我说说出了什么事。"差一点就要说:"跟爹地说说出了什么事。"

她振作了下精神,想说些什么,可鼻子又塞住了。他拿了块纸巾给她。"我能在这儿待一会儿吗?"她说。

"待在这儿?"他小心地重复道。她已经不哭了,不过还在痛苦地浑身打冷战。"这么做好吗？"

这么做到底好不好她没说。她只是更紧地往他身上靠过去，脸暖烘烘地贴着他的肚子。被单滑到了一边；她只穿了件背心和内裤。

她知道她这是在干什么吗，此时此刻？

他在踏出第一步的时候，在学校的花园里，他原是把它看作一次小小的暧昧事件——快进，快出。可现在她却就在他家里，背后还有一大串麻烦事。她在玩什么把戏？他真该小心一点，这是毫无疑问的。可他本该从一开始就小心一点的。

他在她身边平躺下来。这个世上他最不希望发生的就是梅拉妮·伊萨克斯跟他住在了一起。可此时此刻，这个想法却让他无比兴奋。每天晚上她都会在这儿；每天晚上他都能像这样钻到她的床上，钻到她身体里。人们会发现的，纸里包不住火；会有窃窃私语，甚至可能会酿成一桩丑闻。可那又有什么关系？感官的火焰在熄灭前那最后的一跃。他把被单往旁边一推，把手伸进去，抚弄她的乳房、她的屁股。"你当然可以待在这里，"他喃喃道，"当然可以。"

在他的卧室里，两道门之外，闹钟响了起来。她转过身去，把被单拉上来盖住肩膀。

"我得走了，"他说，"我有课。再睡一会儿。我中午回来，那时候我们可以谈谈。"他抚弄了一下她的头发，吻了吻她的前额。情妇？女儿？在她心里，她想成为什么？她到底想要什么？

他中午回来的时候，她已经起来了，正坐在厨房餐桌旁边,吃涂了蜂蜜的吐司,喝着茶。她完全像在自己家里一样松弛自在。

"这么说来,"他说,"你现在应该好多了。"

"你走了以后我又睡了一觉。"

"那你现在能不能告诉我,到底出了什么事?"

她避开他的目光,"现在还不行,"她说,"我得走了。已经迟了。下次跟你解释吧。"

"下次是什么时候?"

"今天傍晚,排练以后。这样可以吗?"

"好。"

她站起身,把杯盘放到了水槽里(但并没有洗),转身面向他。"你确定这样可以?"她说。

"是的,可以。"

"我是想说,我知道我缺了很多课,可是排戏把我的时间全都占满了。"

"我理解。你的意思是说,你的戏剧工作是最重要的。你要是早点跟我解释清楚就更好了。明天你来上课吗?"

"来。我保证一定来。"

她保证,可对这样的保证并没有什么强制的措施。他很生气,很恼火。她行为恶劣,她得寸进尺以后还想侥幸逃脱;她这是在学着利用他,而且可能还想进一步盘剥利用他。可如果说她是赚了便宜还卖乖,他赚的便宜就更多了;如果说她行为恶劣,他的行为只有更糟。在这个意义上,他们算是彼此彼此,如果他们真是彼此彼此,他也是那个领头的,而她只是个跟随的。他可不要忘了这一点。

四

他又和她做了一次爱,在他女儿房间的那张床上。感觉很好,就像第一次的感觉一样好;他已经开始领会到她身体律动的含义。她学得很快,贪婪地寻求性爱经验。如果说他并没有在她身上体验到完全的性欲,那只是因为她年纪还太轻。记忆中有那么一个时刻异常突出,那时她用一条腿勾住他的屁股,把他拉得更加切近:当她大腿内侧的肌腱紧绷绷地贴在他身上的时候,他感到一阵快感和欲望的涌动。谁知道呢,他想:尽管如此,可能还真会有个未来的。

"你经常干这种事吗?"事后她问。

"什么事?"

"和你的学生睡觉。你和阿曼达睡过吗?"

他没回答。阿曼达是他班上的另一个学生,一个苗条的金发姑娘。他对阿曼达没什么兴趣。

"你为什么要离婚?"她问。

"我离过两次婚了。结过两次,离过两次。"

"你第一任妻子怎么了?"

"说来话长。改天再告诉你。"

"有照片吗?"

“我不收集照片。我不收集女人。”

“你这不是在收集我吗?”

“不,当然不是。”

她站起来,信步在屋里把她的衣服捡起来,就像只有她一个人一样毫不扭捏害羞。他习惯了那些在穿衣和脱衣时更加难为情的女人。可他习惯的这些女人都没这么年轻,形体也没这么完美。

当天下午,他办公室有人敲门,走进来的是个他从没见过的年轻人。未经邀请就大剌剌地一坐,环顾了一下整个房间,赞赏地对着书架点了点头。

他高瘦结实;留着细细的山羊胡,戴了个耳环;穿了件黑皮夹克和一条黑色皮裤。他看起来比大部分学生要更大一些;他看起来像是个麻烦。

“这么说来你就是那位教授啦,”他说,“戴维教授。梅拉妮已经跟我说了你的事。”

“是嘛。她都跟你说了些什么?”

“说你肏了她。”

长时间的一阵沉默。如此说来,他想:报应这么快就来了。我早该猜得到的:沾上这样的姑娘是不可能毫无代价的。

“你是谁?”他问。

不速之客没搭理他这个问题。“你以为你干得很漂亮,”他继续道,“以为你可讨女人喜欢了。你认为等你老婆知道你在干些什么勾当以后,你还会有这么漂亮吗?”

“够了。你想干什么？”

“够不够的可轮不到你来告诉我。”话说得越来越快了，连珠炮一样全是威胁，“别以为你可以随心所欲地走进别人的生活，然后拍拍屁股说走就能走。”他黑色的眼眸中有亮光在一闪一闪。他探身过来，双手猛地左右一扫。办公桌上的学生论文四处横飞。

他站起来。“够了！你该走了！”

“你该走了！”那男孩重复道，嘲讽地模仿他的口吻，“好吧。”他站起身，闲步朝门口走去，“再见了，炸薯条教授！不过你就等着瞧吧！”然后他就走了。

一个亡命徒，他暗想。她跟一个亡命徒混在一起，而现在我也跟她的亡命徒混在了一起！他胃里一阵阵翻腾。

虽然他一直熬到很晚，等她来，但梅拉妮并没有来。而他停在街边的汽车却遭到了破坏。车胎给弄瘪了，车门的锁眼里被注入了胶水，挡风玻璃上给糊上了报纸，车身的漆面被划伤了。车锁必须得更换；换锁的费用有六百兰特。

“知道是谁干的吗？”锁匠问。

“毫无头绪。”他简慢地答道。

这次 coup de main① 以后，梅拉妮一直对他避而不见。他并不感到奇怪：如果说他受到了羞辱的话，她也并不光彩。可是星期一的课上，她又再次出现了；在她旁边，往后靠在座位上、手插在衣袋里、一脸趾高气扬的就是那个一身

---

① 法语：突袭。

黑皮的男孩,她的男朋友。

通常,学生们中间都有一种嗡嗡的私语声的。今天却一片寂静。虽然他并不相信他们已经知道是怎么回事了,但他们很明显是在等着看他如何对付那个擅自闯入的家伙。

他到底该怎么做呢?他的汽车遭到的破坏显然还不算完。显然还有更多的麻烦要一波波到来。他能怎么办?也只得咬咬牙这么受着,要不然还能怎么办?

"我们继续讲拜伦,"他说,埋头于他的讲课笔记中,"正如我们上周看到的,恶名和丑闻不但与拜伦的人生如影随形,而且也是当时公众对待他的诗作的方式。拜伦发现他本人已经和他自己的诗歌创作被混为了一谈——和哈罗尔德、曼弗雷德,甚至唐璜①混为了一谈。"

丑闻。真倒霉,非得谈这样的主题,可他又没有临时改题、即兴发挥的状态。

他偷瞄了梅拉妮一眼。通常她是很勤于做笔记的。今天她显得非常消瘦而且筋疲力尽,只是缩成一团看着她的书本。不由自主地,他的心又随她而去。可怜的小鸟,他暗想,我曾如何把她拥在自己的胸口。

他已经布置他们去读《莱拉》②。他的笔记也都是关于《莱拉》的。他是没办法绕过这首诗了。他高声朗读道:

---

① 分别为拜伦的长诗《恰尔德·哈罗尔德游记》、诗剧《曼弗雷德》和诗体长篇小说《唐璜》的主人公。
② 《莱拉》(*Lara*),拜伦发表于一八一四年的叙事长诗。

在这个需要呼吸的世界里他是个陌生人，
是从另一世界被逐出的走上歧途的灵魂；
是黑暗的想象造就的东西，而这想象同时
也有意造成了他无意中得以逃脱的险境。

"谁愿意为我阐释一下这几行诗句？这个'走上歧途的灵魂'指的是谁？他为什么称自己为一个'东西'？他又是从哪个世界里来的？"

他已经早就不再为他的学生表现出来的极端无知感到惊讶了。在这个后基督教、后历史、后文学的时代，他们简直就像是昨天刚从蛋壳里孵化出来一样。所以他根本就不指望他们能知道堕落天使是怎么回事，或者拜伦有可能是在哪里读到他们的。他期望他们做到的无非是做一番好意的猜测，幸运的话他能够借此引导他们找到正确的答案。可是今天他面对的却是一片沉默，这片顽固的沉默无疑又是围绕坐在他们当中的那个陌生人形成的。只要那个陌生人还在那儿旁听、评判，甚至嘲弄他们，他们就不愿意开口说话，他们不愿意跟他一起来玩这个游戏。

"路西法①，"他说，"被从天堂逐出的天使。对于天使们如何生活，我们知之甚少，不过我们可以假定他们不需要氧气。在家里，路西法，这位黑暗天使，是不需要呼吸的。可是突然之间，他发现自己被抛掷进了我们这个奇怪的'需要呼吸的世界'。'走上歧途'：他选择了自己的道路，

---

① 路西法（Lucifer），又称明亮之星、清晨之子，是早期基督教教父著作中对堕落以前的撒旦的称呼。

他生活得险象环生，甚至是在为自己创造危险。让我们继续读下去。"

那男孩压根儿就没朝书本上看过一眼。而是唇角挂着一抹微笑，这微笑中带有——只是可能带有——一丝困惑，他领会到了他话里的意思。

> 他有时
> 能为了别人而放弃了自己的利益，
> 可不是出于怜悯，不是因为该当，
> 而是由于头脑中某种奇怪的乖戾，
> 他不由得产生出一股隐秘的傲气，
> 去做那绝少甚或无人会做的事情；
> 而这相同的冲动在受到引诱之时
> 又同样会误导他的灵魂犯下罪行。

"所以，这位路西法是个什么样的生灵？"

到了这里，学生们肯定是感觉到了他们之间，他自己和那个男孩之间正在进行的交流。这个问题就是针对那男孩一个人问的；而那个男孩也像是一个沉睡者猛然被唤醒了一样，做出了回应："他想怎么做就怎么做。他不在乎那是好还是坏。他说做就做。"

"一点没错。不管是好是坏，他说做就做。他行事不按原则，只凭冲动，而他冲动的根源对他来说却是黑暗。让我们再读几行：'他疯狂的不是头脑，而是内心。'疯狂的内心。疯狂的心又是什么？"

他问得太深了。那男孩很想再将自己的直觉推进一步,这一点他看得很清楚。他是想显示一下,他知道的可不仅仅是摩托车和招摇的穿着。也许他的确知道得不少。也许他的确深知拥有一颗疯狂的心是怎么一回事。可是,在这儿,在这个教室里,当着这些陌生人的面,他讲不出来。他摇了摇头。

"没关系。请注意,这首诗作并不是要我们去谴责这个拥有疯狂的内心的人物,这个本质上讲就有错处的人物。正相反,它是在邀请我们去理解和同情。可是同情有一个限度。因为他虽然生活在我们当中,他却非我族类。他正像他称呼自己的那样,他是个东西,也就是说,是个魔鬼。最终,拜伦表明的是,我们不可能去爱他,不可能在更为深切、更加人性的意义上去爱他。他是注定了被判决为永世孤独的。"

他们俯下头,潦草地记下他这番话语。拜伦,路西法,该隐①,对他们来说都是一样的。

他们讲完了这首诗。他布置作业,要求他们阅读《唐璜》的前几个篇章,然后就早早地下了课。越过他们的头顶他叫她:"梅拉妮,我能和你说句话吗?"

她站在他面前,面容消瘦,疲惫不堪。他的心再次随她而去。要是旁边没人的话,他就要把她抱在怀里,尽力让她打起精神来。我的小鸽子,他会这么叫她。

他说出来的话却是:"到我的办公室去一下好吗?"

---

① 该隐(Cain),亚当与夏娃之长子,杀其弟亚伯。拜伦一八二一年著有同名诗剧,从该隐的视角重新讲述了杀弟的故事。

她那位男朋友尾随其后,他领着她上楼来到了他的办公室。"在这儿等等。"他跟那个男孩说,把他关在了门外。

　　梅拉妮在他面前坐下,脑袋低垂。"我亲爱的,"他说,"你现在的日子不好过,这我知道,我也不想让你的日子更不好过。可我身为老师必须得跟你谈谈。我对我的学生是有应尽的责任的,我所有的学生。你的朋友在校园外面干什么,那是他自己的事。可我不能让他来扰乱我上的课。告诉他这一点,就说是我说的。

　　"至于你自己,你得在学业上多花点时间了。你得更为经常地来上课。你错过的考试你也得参加补考。"

　　她困惑地,甚至有些震惊地紧盯着他。是你把我与其他同学隔绝开来的,她似乎是想说。是你让我为你承受你的秘密的。我已经不仅仅是个学生了。你怎么能像这样对我说话?

　　她终于开口说话的时候,那声音却低得他几乎都听不见:"我没办法参加考试,书我都没读过。"

　　他想说的是说不出口的,没法体面地说出口的。他所能做的也就是给她个暗示,希望她能明白他的意思。"你只管去考,梅拉妮,像其他同学一样地考。你有没有准备并没有关系,关键是要去参加这个考试。我们定个时间吧。下周一怎么样,就在午饭的时间?这样你周末就能看看书了。"

　　她仰起脸,挑衅地直视他的目光。要么她是没有理解,要么她就是在拒绝这个机会。

　　"星期一,就在我办公室这里。"他重复道。

她站起身，把书包往肩上一甩。

"梅拉妮，我是负有责任的。至少也得走个过场。情况已经够复杂的了，没必要再弄得更加复杂。"

责任：她对这个词嗤之以鼻，不屑于作答。

那天晚上他听完一场音乐会开车回家，在一处红灯前停下。一辆摩托车突突震动着超了他的车，是辆银色的杜卡迪①载着两个一身黑的人。两人都戴着头盔，不过他还是认出了他们。梅拉妮坐在后座上，两条腿分得很开，骨盆拱了起来。一阵欲望的颤抖猛地袭过他的身体。那地方我进去过！他暗想。然后那辆摩托车惊涛骇浪般呼啸而去，把她给带走了。

---

① 杜卡迪（Ducati），意大利著名摩托车品牌。

五

星期一,她并没有来考试。他反倒在他的信箱里发现了一张正式的课程退选卡:学生 7710101SAM 梅·伊萨克斯女士已经退选传播学三一二课程,即刻生效。

不到一个小时以后,有一通电话转到了他的办公室。"请问是卢里教授吗?能占用您一点时间和您谈谈吗?我姓伊萨克斯,是从乔治给您打的电话。小女是您班上的学生,您知道,梅拉妮。"

"是的。"

"教授,不知道您能不能帮帮我们。梅拉妮一向都是个非常好的学生的,可现在她却想完全放弃了。这对我们来说真是个可怕的打击。"

"我不太明白您的意思。"

"她想放弃她的学业,找个工作。这实在是太浪费了,已经上了三年大学而且成绩一直很好,然后在毕业前就这么退学了。不知道我能否请求您,教授,您能跟她谈谈,让她理智一点吗?"

"您自己跟梅拉妮谈过吗?您知道她到底为什么做出这样的决定吗?"

"整个周末我们都在跟她通电话,她妈妈和我,可我们就是没办法让她明白事理。她现在全身心地扑到她参演的一部戏当中,所以也可能,您知道,她是劳累过度、紧张过度了。她一向都是这么事事都往心里去,教授,她天性如此,她干什么都非常投入。不过如果您肯和她谈一谈的话,也许您能够说服她再好好考虑考虑。她对您一向都非常尊敬。我们实在不想眼看着她把这些年来的努力就这么白白扔掉。"

这么说来梅拉妮——梅腊妮,她虽然浑身都是东方广场买来的花哨的小玩意儿,她虽然对华兹华斯就是个睁眼瞎,却事事都往心里去。这一点他还真是没猜到。除此以外,对于她,他还有什么猜不到的?

"伊萨克斯先生,我真不知道自己是否是劝说梅拉妮的合适人选。"

"您是,教授,您肯定是!我已经说过,梅拉妮对您可尊敬了。"

尊敬?你这都是哪辈子的老黄历了,伊萨克斯先生。令爱好多个礼拜以前就已经失去了对我的尊敬,而且有非常充分的理由。这才是他应该说的话。"我尽力而为吧。"结果说出来的却是这么一句。

这下你可别想道遥法外了,挂上电话后他心下暗道。远在乔治的伊萨克斯父亲也不会忘记这次交谈的,这次满是谎言、闪闪躲躲的交谈。我尽力而为。为什么不坦白交代呢?我就是苹果芯里的那条蛀虫,他本该这么说。既然我就是造成你痛苦的根源,又怎么能帮得到你呢?

他给梅拉妮的公寓打了个电话，表姐保琳接的电话。"梅拉妮没空。"保琳冷冰冰地道。"没空，你这是什么意思？""我的意思是，她不想和你说话。""那你告诉她，"他说，"我是想和她谈谈她退学的决定。告诉她，她这么做太草率了。"

星期三的课上得很糟糕，星期五的更糟。学生来得很少；来的几个都是那些老实、听话、驯服的。这只有一个解释。事情肯定已经传出去了。

他正在系办公室的时候，听见身后有个声音问："我在哪儿能找到卢里教授？"

"我就是。"他想都没想就回道。

说话的那个男人是个小个子，很瘦，弓腰缩背。穿了身显得太大的蓝色正装，浑身一股子烟味。

"卢里教授？我们通过电话。我是伊萨克斯。"

"哦对。你好。我们去我的办公室好不好？"

"没这个必要。"那人停顿了一下，振作精神，深吸了一口气。"教授，"他开始道，异常强调这个称呼，"你可能受过非常好的教育，可你做出来的事却很不对头。"他停顿了一下，摇了摇头，"很不对头。"

那两个秘书丝毫没有假装掩饰她们的好奇。办公室里还有几个学生；这陌生人一提高嗓门，他们就都沉默下来。

"我们把孩子交到你们这样的人手里，是因为我们以为可以信任你们。如果我们连大学都不能信任，那还能信任什么呢？我们万万没有想到，我们这是把亲生的女儿往毒蛇窝里送啊。不，卢里教授，你也许神气活现、趾高气扬，学位拿了一大把,可我要是你的话,我会深深为自己感到羞耻的,愿上帝帮帮我吧。如果是我把事情搞错了,误会了你,现在就是你申辩的机会,可我觉得我没有搞错,从你的脸上我就能看出来。"

现在确实是他申辩的机会:谁想说什么,尽可以说。可他站在那里却张口结舌,血液轰轰地震动着他的耳膜。一条毒蛇:他能矢口否认吗?

"对不起,"他低声道,"我还有公事要做。"他就像个泥塑木雕一样,转身离开了。

伊萨克斯跟着他走进拥挤的走廊。"教授!卢里教授!"他喊道,"你别想就这样子跑掉! 这事儿没完,我现在就告诉你!"

事情就是这样开始的。第二天上午,他意外地收到一份公文急件,是主管学生事务的副校长办公室发来的一份备忘录,通知他有人投诉他违反了学校行为准则的第三条第一款。要求他在他方便的时候尽早与副校长办公室取得联系。

这份通知是封在一个标有机密字样的信封里送到的,随信还附了一份行为准则。第三条涉及的是基于种族、民族、信仰、性别、性向或生理缺陷而实施的迫害与骚扰行为。第一款针对的是教师对于学生的迫害与骚扰。

第二份文件描述的是质询委员会的规章和权限。他一边看,心脏一边很不愉快地怦怦直跳。看到一半,他的注意力就没法集中了。他站起来,把办公室的门锁上,手里拿着文件坐下，极力想象着到底发生了什么。

梅拉妮自己是不会采取这样的措施的，这一点他能够确信。她太天真了，对她的能力太无知了。幕后的操纵者肯定是他，那个穿不合身正装的小矮子；他还有保琳表姐，那个毫无姿色的女人，那个管家婆。肯定是他们说服她这么做的，把她搞得不胜其烦，最后督促她前往校务办公室去检举揭发的。

"我们想要投诉。"他们一定是这么说的。

"投诉？什么样的投诉？"

"针对个人的。"

"骚扰，"保琳表姐会插嘴道，而梅拉妮则羞惭地站在一边——"投诉一位教授。"

"请去某某办公室。"

在某某办公室里，他，伊萨克斯会胆子更大一些。"我们想投诉你们的一位教授。"

"你们认真考虑过了吗？你们当真想这样做吗？"他们会这么问，照章行事。

"是的，我们知道我们要干什么。"他会这么说，瞥他女儿一眼，怂恿她提出异议。

他们需要填一份表格。表格放在他们面前，还有一支笔。一只手拿起那支笔，一只他曾吻过的手，一只他非常熟悉的手。首先是原告的名字：梅拉妮·伊萨克斯 MELANIE ISAACS，用大写字母工整地填上。那只手顺着表格的一列方框往下滑动，寻找要打叉的项目。在这里，她父亲那给尼古丁熏黄了的手指指点着。那只手慢下来，停住，打了个

×,那是正义的十字:J'accuse①。然后是填写被指控人姓名的一格。戴维·卢里 DAVID LURIE,那只手写道:**教授**。最后,在表格的最下方,是日期和她的签名:那涡卷线状的M,l 上面勾出来的小圈非常醒目,I 向下的那一笔像道伤口,还有最后那个花体的 s。

事情已经做出来了。纸上的两个名字,他的和她的,并肩在一起。两人在一张床上,不再是情人,而是仇敌。

他给副校长办公室打了个电话,办公室把会见安排在了五点钟,正常的工作时间以外。

五点钟,他等在了走廊里。阿拉姆·哈基姆,时髦阔气又年轻有为,从办公室探身出来,请他进去。里面已经有两个人了:伊莱恩·温特,他的系主任;还有社会学系的法萝蒂亚·拉索尔,她是全校反歧视委员会的主任。

"时间不早了,戴维,我们都知道我们来这儿是为的什么,"哈基姆道,"所以就让我们直奔主题吧。这件事我们该怎么处理才好?"

"你先跟我说说投诉的内容吧。"

"很好。我们已在讨论一起是由梅拉妮·伊萨克斯女

---

① 法语:我控诉。出典是法国作家左拉(Émile Zola, 1840—1902)一八九八年一月十三日发表于《震旦报》上的一封致法国总统的公开信,为被法国军方指控叛国的犹太军官德雷福斯伸张正义,信的开头就是这句著名的"我控诉",这封信对于激发已演变为"德雷福斯事件"的公众反应起到了极为重要的作用。缘于这封信的流行,即便在英语世界,法语的"J'accuse!"也成为了表达愤慨谴责、对抗某些权贵的共同通用语。

士提出的投诉。也还有关于——"他看了伊莱恩·温特一眼,"某些似乎涉及伊萨克斯女士的早已存在的不正常现象。伊莱恩?"

伊莱恩·温特接上了话茬。她从来就不喜欢他;她把他看作旧时代的孑遗,越早清除掉越好。"有一个伊萨克斯女士出勤率的疑问,戴维。照她的说法——我跟她通过电话——上个月她只上过两次课。如果此事属实,那早就应该将此情况上报了。她还说她没有参加期中考试。可是——"她朝面前的文件看了一眼,"按照你的记录,她的出勤率是完美无缺的,她的期中考试还得了个七十分。"她嘲弄地看着他,"那么除非是有两位梅拉妮·伊萨克斯,否则……"

"只有一位,"他说,"对此我无话可说。"

哈基姆平静地插话进来。"朋友们,现在讨论这些枝节问题既不是时候也不是地方。我们应该做的——"他朝他们两位看了一眼,"是理清程序。无须我多说,戴维,这件事将在最严格的保密状态之下进行处理,这一点我可以向你保证。你的名字会受到保护,伊萨克斯女士的名字也将受到保护。会成立一个委员会。将由它来决定是否有采取纪律处分的必要。你或者你的法律代表将有权对其构成提出异议。其听证会将以非公开的形式进行。同时,在委员会向校长提出正式建议、校长正式对此做出决定之前,一切都维持常态。伊萨克斯女士已经正式退选你讲授的课程,希望你不要再跟她有任何接触。我还有任何遗漏的地方吗,法萝蒂亚,伊莱恩?"

嘴唇紧抿，拉索尔博士摇了摇头。

"这种涉及骚扰的问题处理起来总是很复杂的，戴维，既复杂又不幸，不过我们相信我们的程序是好的、公正的，所以我们也就要按部就班地做起来了，一切照章行事。我有个建议，你应该熟悉一下这个程序，也许该进行一些法律咨询。"

他正打算进行一点回击，但哈基姆抬起手以示警告。"少安毋躁，三思后行，戴维。"他说。

他受够了。"别教我该怎么做，我不是个孩子。"

他怒冲冲地拂袖而去。可大楼已经上锁，门卫已经回家了。后门也上了锁。还得等哈基姆放他出去。

外面在下雨。"和我同撑一把伞吧。"哈基姆道；上车以后他又说："就我个人而言，戴维，我想告诉你，我是绝对同情你的。真的。这种事简直就是灾难。"

他和哈基姆相识已有多年，在他还打网球的时候，经常和他一起打，可他现在没心情搞这种哥们情义。他不耐烦地把肩一耸，钻进了他的汽车。

这件事本来应该是保密的，不过当然没法保密，人们当然会说长道短。要不然，他走进公共休息室的时候，为什么正在议论纷纷的马上就鸦雀无声了？为什么跟他关系一直都很好的一位年轻的女同事马上就放下茶杯起身离开，经过他身边的时候就全当他不存在？为什么他第一次开讲波德莱尔的时候，只有两个学生来上他的课？

这流言蜚语的磨盘，他想，日夜不停地转动，真能把人的声誉碾得粉碎。那正义的共同体躲在角落里、在电话上、在紧闭的门背后开他们的大会。欣喜若狂地窃窃私议。Schadenfreude①。先判决，再审问。

在传播学系大楼的走廊里，他走路时故意把头抬得高高的。

他同之前经办他离婚的那位律师谈了一次。"我们先搞搞清楚，"那位律师道，"对你的这些指控有多少真实的成分？"

"足够真实了。我跟那姑娘是有过一腿。"

"认真的？"

"认真的话是会让这个问题变得更好还是更糟一些？到了一定的年龄以后，所有的情事都是认真的。就像心脏病发作。"

"好吧，我的建议是，作为一种策略，找个女律师来代表你。"他提了两个人的名字，"目标是能私了。你做出某些承诺，也许请一段时间的假，作为回报，学校劝说那姑娘，或者她的家庭，撤销对你的指控。这是你最好的结果。吃一张黄牌。把损失降至最低，等着这个丑闻慢慢被人淡忘。"

"什么样的承诺？"

"敏感性训练②。社区服务。心理辅导。只要是你能拿来跟他们谈判的，什么都行。"

---

① 德语：幸灾乐祸。

② 敏感性训练（sensitivity training），一种集体心理疗法，通过无议题或议程的自由集体讨论增进参加者对人际关系问题的敏感性并改善其人际交往能力。

"心理辅导？我需要心理辅导？"

"别误会。我只是说，提供给你的选项之一可能是心理辅导。"

"把我修好？把我治愈？矫正我那些不当欲望？"

律师把肩一耸。"你管他呢。"

学校里正在搞"警惕强暴周"的活动。"女性反强暴"组织（Women Against Rape）——简称 WAR①——宣布组织一次二十四小时的静坐守夜活动，以团结那些"最近的受害者"。从他的门缝底下塞进来一张传单："**女性大胆地说出来**。"传单底下用铅笔潦草地写了这样一句："**你的时代已经结束了，卡萨诺瓦②**。"

他和前妻罗莎琳德一起吃了顿饭。他们分开已经有八年了；慢慢地、小心翼翼地，两个人又成了朋友，差不多可以称为朋友。都是婚姻战场上的老兵了。罗莎琳德仍旧住在附近会让他感觉比较安心：也许她对他也抱有同感。在最糟糕的事情发生时，至少还有个人可以指望：在浴室里摔倒啦，大便中带血啦之类的。

他们说起露西，他第一次婚姻唯一的孩子，现在住在东开普③的一个农场里。"我可能很快就能见到她了，"他说，"我正考虑要去那儿一趟。"

---

① 英语：战争。

② 卡萨诺瓦（Casanova），本是意大利十八世纪著名的冒险家、作家和浪荡公子，后成为喜欢在女人中间厮混、乱搞男女关系的男性的代名词。

③ 东开普（Eastern Cape），南非中南部省份。

"在学期中间?"

"学期也快结束了。也就还要再熬两个礼拜的时间,就完了。"

"这跟你现在的麻烦有关吗?我听说你正有麻烦缠身。"

"你从哪儿听说的?"

"人都是长着嘴巴的,戴维。你最近的这桩风流艳事可是人尽皆知,传得是添油加醋、活灵活现。把它捂着盖着可是不符合任何人的利益的,只除了你本人的利益以外。允许我告诉你这有多么愚蠢吗?"

"不,不许。"

"我反正是要说的。愚蠢,而且丑恶。我不知道你是怎么对付你的性生活的,我也不想知道,可这么做实在是太不应该了。你有多大岁数了——五十二?你认为一个年轻的姑娘在跟这把年纪的男人上床的时候会有任何乐趣吗?你认为她眼看着你在那儿瞎鼓捣的时候会有任何美好的感受吗?你就从来都没想到过这些吗?"

他没作声。

"别指望我会同情你,戴维,也别指望任何人会同情你。不会有同情,不会有怜悯,在当今这个时代。每个人都会朝你指指戳戳,为什么不呢?也确实,你怎么能做出这样的事来?"

往日的那种语气又出现了,他们的婚姻生活最后几年中的那种语气:怒不可遏的相互指责。就连罗莎琳德肯定也意识到了这一点。不过也许她是有道理的。也许年轻人有权利受到保护,不让她们的长辈在情欲勃发的痛苦中看到她们。说到底,妓女就是派这个用场的:去忍受那些丧失了个人魅力的老丑之人的性欲冲动。

"总之,"罗莎琳德继续道,"你说你要去看望露西。"

"是的,我原想在质询结束后开车去她那儿住几天。"

"质询?"

"下周质询委员会就要开个会。"

"真够快的。那你看望过露西以后呢?"

"不知道。我不确定他们是不是还允许我回大学执教。我不确定我还想不想回来。"

罗莎琳德摇了摇头。"就这么结束你的职业生涯实在是太不光彩了,你不觉得吗?我不会问你从那姑娘那儿得到的是否值这个价。你打算怎么打发你的时间呢?你的退休金有没有影响?"

"我会和他们达成某种协议的。他们也不能完全剥夺我的退休金吧。"

"不能吗?别这么肯定吧。她多大了——你那个小情人?"

"二十。成年了。大到知道自己想要什么了。"

"据说她服了安眠药。是真的吗?"

"安眠药的事我一点都不知道。听起来像是编出来构陷于我的。安眠药这事是谁告诉你的?"

她没睬他这个问题。"是她爱上你了?你把她给甩了?"

"没有。都没有。"

"那她为什么要投诉你？"

"谁知道？她并没有跟我坦诚相见。这背后有某种我并不知情的较量正在进行中。有一个吃醋的男朋友。有一双恼怒的父母。她最后肯定是被他们给摧垮了。我是完全被他们给打了个猝不及防。"

"你早该知道的，戴维。你都这把年纪了，绝不该再跟人家的孩子乱来了。你早该想到会有最坏的结果的。总之，这实在是太丢人现眼了。真的。"

"你还没问我是不是爱她呢。你难道不是也该问一下的吗？"

"很好。那你爱这个把你的名字拖到了烂泥里的年轻女人吗？"

"这不是她的责任。不要责怪她。"

"不要责怪她！你到底站在哪一边？我当然要责怪她！我既责怪你也责怪她。这整桩事情从头到尾都很可耻。既可耻又低俗。而且我这么说一点都不会感到抱歉。"

要是放在过去，她话说到这份上，他早就摔门出去了。可他今晚上并没有这么做。他和罗莎琳德，他们俩彼此彼此，皮都厚了不少。

第二天，罗莎琳德打来了电话。"戴维，你看过今天的《阿耳戈斯报》①吗？"

---

① 《阿耳戈斯报》(*Argus*)，全称《开普阿耳戈斯报》(*Cape Argus*)，开普敦著名的英文日报，创刊于一八五七年，创立人之一是开普殖民地著名的自由主义政治家索尔·所罗门(Saul Solomon, 1817—1892)。阿耳戈斯是希腊神话中的百眼巨人。

"没有。"

"呃,鼓起勇气来。有一篇关于你的报道。"

"怎么说的?"

"你自己看吧。"

那篇报道在第三版:《教授被控性骚扰》,是那一版的头条。他飞快地浏览了一下头几行。"……被控性骚扰,受到严厉批评,正接受一个纪律委员会的质询。对于近来的一系列丑闻,包括奖学金支出的欺诈行为以及学生宿舍以外的所谓性团伙交易,开技大校方三缄其口。卢里(五十三岁),曾著有一部有关英国自然派诗人威廉·华兹华斯的著作,尚未对此事发表评论。"

威廉·华兹华斯(1770—1850),自然派诗人。戴维·卢里(1945—?),威廉·华兹华斯的评论者及令其蒙羞的追随者。保佑这襁褓中的婴儿。他不会被遗弃。保佑这婴儿。①

---

① 这三句出自华兹华斯《序曲》第二部。

六

听证会在哈基姆办公室外面的一个小会议室举行。这次质询由宗教学教授马纳斯·马塔贝恩主持,教授亲自把他请进来,让他坐在桌子下首。他的左边依次坐着哈基姆——他的秘书,还有一个年轻女人,像是个学生;他的右边是马塔贝恩委员会中的三名成员。

他并没有觉得紧张。相反,他相当自信。他的心跳非常平稳,昨晚睡得也很踏实。虚荣,他暗想,那是赌徒身上那危险的虚荣;虚荣以及自以为是。他以这样的情绪来出席听证会可不对头。可他并不在乎。

他朝委员会的成员点点头。有两位他认识:法萝蒂亚·拉索尔和德斯蒙德·斯沃茨,工程学院的院长。第三位,照他面前的文件所说,在商学院任教。

"聚在这里的我们这个团体,卢里教授,"马塔贝恩道,启动了听证的程序,"并没有任何权力。我们所能做的就只是提出建议。此外,你有权对委员会的组成提出异议。所以让我首先来请问:委员会中的成员,有没有任何一位,其参与你感觉有可能会对你产生不利的影响?"

"从法律的意义上讲我并无异议,"他回答道,"但在哲学的意义上我有些保留意见,不过我想它们是不会被认可的。"

他这话引起大家一阵轻微的骚动。"我想我们最好是把自己限定在法律意义之内,"马塔贝恩道,"那就是说你对委员会的构成没有异议。今天的听证会有一位反歧视联盟的学生观察员在场,对此你是否有任何反对意见?"

"我无惧委员会。我无惧观察员。"

"很好。那我们言归正传。第一位投诉者是梅拉妮·伊萨克斯女士,戏剧课程的一位学生,她的陈述内容诸位都已有副本。还需要我将她陈述的要点概述一下吗?卢里教授?"

"据我的理解,主席先生,伊萨克斯女士本人将不会到场了对吗?"

"伊萨克斯女士昨天已经与委员会见过面了。让我再提醒你一遍,这不是一次审讯,只是一次质询。我们的程序规则不同于法庭。你觉得这有什么问题吗?"

"没有。"

"第二个而且与此相关的指控,"马塔贝恩继续道,"来自教务主任,经由学籍办公室提出,是有关伊萨克斯女士学业记录的可信性的。指控的内容是,伊萨克斯女士并未出席所有课程或提交所有书面作业或参加所有学业考试,而你却给了她这门课的学分。"

"就是这些了?这就是指控的内容?"

"是的。"

他深吸了一口气。"我相信委员会成员们都有更重要的事情需要去忙,没必要把时间浪费在反复纠缠这样一个毫无争议的事件上。对两项指控我都认罪。就请宣判吧,我们也好该干吗就干吗去。"

哈基姆朝马塔贝恩侧过身去。两人低声交谈了几句。

"卢里教授,"哈基姆道,"我必须再强调一次,这是个质询委员会。它的任务是听取事件双方的陈述,并据此提出处理建议。它是无权做出决定的。容我再问一次,如果由某位熟悉我们程序的人来代表你,这样会不会更好一些呢?"

"我不需要代表。我完全能够代表我自己。依我的理解,尽管我已经认罪,但听证会还是必须继续进行,对不对?"

"我们想给你一个陈述自己立场的机会。"

"我已经陈述了我的立场。我有罪。"

"什么样的罪?"

"指控我的所有那些罪。"

"你在领着我们兜圈子,卢里教授。"

"伊萨克斯女士断言我犯的那些罪,以及学籍记录作伪罪。"

法萝蒂亚·拉索尔这时插了进来:"你说你承认伊萨克斯女士的陈述,卢里教授,可你当真看过那份陈述吗?"

"我不想去看伊萨克斯女士的陈述。我全都承认。我不认为伊萨克斯女士会有理由说谎。"

"可是连看都不看就承认,难道不嫌有失慎重吗?"

"不会。生活中还有比慎重更为重要的事情。"

法萝蒂亚·拉索尔往椅背上一靠。"你这么做太堂吉诃德了,卢里教授,可是你承受得起吗?看来我们可能有责任保护你免受自己的伤害了。"她朝哈基姆冷冷地微微一笑。

　　"你说你没有寻求法律帮助。你求教过什么人吗——教士,比如说,或是心理医生?你准备去接受心理辅导吗?"

　　这个问题来自商学院的那个年轻女人。他能感到自己简直要怒发冲冠了。"不,我没有寻求心理辅导,也不打算这么做。我是个成年人了。我不太能接受心理辅导这种方式。心理辅导对我一点用都没有。"他转向马塔贝恩,"我已经认罪了。这种辩论还有任何理由应该继续下去吗?"

　　马塔贝恩和哈基姆悄声商量了几句。

　　"有人提议,"马塔贝恩道,"委员会休会,以讨论卢里教授的申辩。"

　　大家都点头表示赞同。

　　"卢里教授,能否请你回避几分钟,你和范维克女士,让我们商议一下?"

　　他和那位学生观察员退到哈基姆的办公室。两人之间没有交谈;那姑娘明显觉得有些尴尬。"**你的时代已经结束了,卡萨诺瓦。**"现在已经跟这位卡萨诺瓦面对面了,她对他做何感想呢?

　　他们又被叫进会议室。里面的气氛不怎么好:他觉得有些不太友善。

　　"好了,"马塔贝恩道,"让我们继续:卢里教授,你说你承认指控书上所说的都是事实？"

"伊萨克斯女士提出的所有指控我统统承认。"

"拉索尔博士,你有什么话想说是不是?"

"是的。我想对于卢里教授的这些回应提出反对意见,我认为那基本上就是在推脱逃避。卢里教授说他承认这些指控。可是当我们试图确定他到底承认了什么的时候,我们得到的就只有隐晦的嘲讽。在我看来,这说明他只是在名义上承认了那些指控。对于这种暗含弦外之音的情况,我们大家有权——"

他不能让她再说下去了。"我的回应当中没有任何弦外之音。"他反驳道。

"我们大家有权知道,"她继续道,老练地、浑不费力地提高嗓门,对他置之不理,"卢里教授予以承认的到底是什么,也就是说,他受到谴责的究竟是什么。"

马塔贝恩:"如果他当真受到谴责的话。"

"如果他当真受到谴责的话。对于卢里教授到底是因为什么受到谴责,如果我们心里不是完全清楚,如果我们无法在我们的建议中表达得完全清楚的话,那我们就是没有履行好自己的职责。"

"我相信我们心里是完全清楚的,拉索尔博士。问题是,卢里教授的心里是否也是完全清楚的。"

"正是这样。你精确地表达出了我想说的意思。"

明智的做法是免开尊口,可他并没有。"我心里在想什么是我自己的事,法萝蒂亚,"他说,"说白了,你想要的不是我的回应,而是我的招供。告诉你吧,我没什么好招供的。我提出了我的申辩,这是我的权利。对我的指控我都认罪。这就是我的申辩。我准备做的到此为止。"

"主席先生,我必须要抗议。现在的问题已经绝非仅仅是技术性的了。卢里教授表示认罪,可我扪心自问,他是当真认了罪呢,还是只不过想走个过场,希望这个案子就此埋进文件堆里被人忘记呢?如果他只是想走个过场,我强烈要求对他施以最严厉的处罚。"

"让我再提醒你一遍,拉索尔博士,"马塔贝恩道,"我们是无权施以处罚的。"

"那我们就该建议施以最严厉的处罚。即刻将卢里教授解雇,并褫夺他所有的工资福利与特殊待遇。"

"戴维?"一直都没发言的德斯蒙德·斯沃茨忍不住开了口,"戴维,你确定这么做是处理这一状况的最佳方式吗?"斯沃茨转向主席,"主席先生,正如刚才卢里教授不在场时我所说的,我坚信,作为同一个大学社区的一员,我们不应该以这样一种冰冷的、形式主义的方式来起诉一位同事。戴维,你确定你不需要申请一段延期,以使自己有时间认真考虑一下,并且也许做一点心理辅导吗?"

"为什么?我有什么需要认真考虑的?"

"认真考虑一下你的处境的严重性,我不确定你是否真的理解。恕我直言,你有丢掉工作的危险。这在眼下可不是闹着玩的。"

"那你建议我该怎么做呢?去除我的语气中拉索尔博士所谓的隐晦的嘲讽?流出悔悟的泪水?这么做足以拯救我吗?"

"你可能觉得很难相信,戴维,但围坐在这张桌子旁边的我们并不是你的敌人。我们都有软弱的时候,我们所有人,我们都不过是凡人。你的情况并非绝无仅有。我们很想为你找到一个能够让你的职业得以继续的办法。"

哈基姆很巧妙地加入进来:"我们很愿意帮你,戴维,找到一条出路,你现在的处境简直是场噩梦。"

他们是他的朋友。他们想把他从他的弱点中救出来,让他从噩梦中醒过来。他们不想眼看着他在街上行乞。他们想让他回到他的教室。

"在这场善意的合唱中,"他说,"我没有听到女性的声音。"

一片沉默。

"很好,"他说,"那我就招供吧。这件事是从一天傍晚起的头,我忘了具体的日期,不过并不太久。我当时正走过那个老学院花园,我们正谈论的那个年轻女人,伊萨克斯女士,正巧也在那里。我们相遇了。我们交谈了几句,而就在那一刻,有某种事情发生了,我不是个诗人,就不尝试着去描述了。只须说厄洛斯①闯了进来也就够了。自那以后,我就变得和我自己不一样了。"

"和什么样的自己不一样了?"那个商学院的女人小心翼翼地问。

"我不再是我自己了。我不再是个不知道干什么好的

_____

①　厄洛斯(Eros),希腊神话中的爱神,传说是性爱与美貌女神阿佛洛狄忒之子。

66

五十岁的离婚男人。我变成了厄洛斯的奴仆。"

"这就是你提供给我们的辩词吗？无法自控的冲动？"

"这不是辩词。你们想要我招供，我就向你们招供。至于说到这种冲动，它远非无法自控的。过去我已经多次抵制住了类似的冲动，尽管我耻于这么说。"

"你不认为，"斯沃茨道，"从本质上说，学术生涯是一定需要做出某些牺牲的吗？你不认为，为了整体的利益我们不得不抵制个人的某些满足吗？"

"你心里面是不是有一种针对跨代性爱关系的禁忌？"

"不，这倒未必。可是身为教师，我们占据的是权力的地位。也许是一种针对将权力与性爱关系混为一体的禁忌。这个，我感觉，才是这一事件中的问题之所在。或者需要我们极端谨慎的地方。"

法萝蒂亚·拉索尔插了进来："我们又在兜圈子了，主席先生。他说了，是的，他有罪；可是当我们想确定他到底犯了什么罪时，突然之间，他要招供的就不是对一位年轻女性的虐待，仅仅成了一种他无法抗拒的冲动，而只字不提他所造成的痛苦，不提他长期以来的性剥削和压榨，而这一事件只不过是其中的一个个案。这也正是我之所以说继续和卢里教授争辩下去完全是徒劳的原因所在。我们必须将他的认罪声明予以采信，并据此提出惩戒的建议。"

虐待：他等的就是这个词。以满怀正义的颤抖声音讲出来。当她看着他的时候，她到底看到了什么，竟让她如此怒不可遏？一条鲨鱼置身于一群无助的小鱼当中？抑或另外一种图景：一个五大三粗的大男人逼近一个女孩子，一只大手捂住了她的喊叫？何其荒唐！然后他想起来:昨天他们就是围坐在这同一个房间里,她就在他们面前,梅拉妮,个头几乎都不到他的肩膀。是不公平:他又怎能否认这一点？

"我倾向于同意拉索尔博士的意见。"那个商学院的女人道,"除非卢里教授还愿意补充一些情况,我想我们应该做出一个决定了。"

"在做出决定之前,主席先生,"斯沃茨道,"我想最后一次向卢里教授做出吁请。他是否准备同意发表任何一种形式的声明？"

"为什么？为什么我同意发表一项声明会如此重要呢？"

"因为那会有助于平息已经变得非常激烈的现状。理想状态下,我们都愿意在避开媒体关注的情况下解决这一事端。但这已经不可能了。它已经引起了很多关注,它已经被赋予了超出我们控制的弦外之音。所有的目光都盯着我们学校,看我们到底会如何处理此事。我有这样一种印象,听你的话音,戴维,你认为你是受到了不公正的对待。这是非常错误的。我们这个委员会视我们的工作为尽量能找到一种妥协的办法,以使你能保住你的教职。正是为此,我才问你是否能够接受某种形式的公开声明,以使我们能够免于提出最为严厉的处罚建议,即谴责加除名。"

"你的意思是说,我愿不愿意含垢忍辱请求宽大处理？"

斯沃茨叹了口气。"戴维,轻视和嘲笑我们的努力于事无补。至少接受一次延期处理吧,这样你可以认真考虑一下你的处境。"

"你们想要的声明里面包含哪些内容?"

"承认你犯了错。"

"我已经承认了呀。完全承认。对于我的所有指控我都认罪。"

"别和我们耍花招了,戴维。在对一项指控认罪和承认自己犯了错之间是有区别的,这你很清楚。"

"而这就让你们满意了:承认我犯了错?"

"不,"法萝蒂亚·拉索尔道,"这是在本末倒置。首先,卢里教授必须做出这样一个声明。然后,我们才能决定能否将其作为减轻处罚的依据来接受。我们不会事先就其声明中应该包含什么内容进行谈判。这项声明应该由他来做,用他自己的语言。然后我们就能看出这是否发自他的内心。"

"你确信你有这个本事,从我使用的语言当中就能鉴别出——鉴别出那是否发自我的内心?"

"我们会看看你表现出了什么样的态度。我们会看看你是否表现出了悔悟之情。"

"非常好。对于伊萨克斯女士,我利用自己的职位占了她的便宜。这是不对的,我为此感到后悔。这么说你觉得够格了吗?"

"问题不在于我觉得是否够格了,卢里教授,问题是你是否觉得够格了。这反映出你的真情诚意了吗?"

他摇了摇头。"我已经说了你想要我说的话,现在你又得寸进尺,你想要我表现出这些话中的诚意。这是荒唐可笑的。这已经超出了法律的范畴。我受够了。就让我们回过头来照章办事吧。我认罪。我准备做的到此为止。"

"好吧,"担任主席的马塔贝恩道,"如果没有别的问题要问卢里教授,我将感谢他的出席并准许他离开了。"

一开始他们并没有认出他来。他楼梯下了一半的时候,听到有人大喊:就是他!然后就是一阵匆忙杂沓的脚步声。

他们在楼梯口追上了他;有个人甚至扯住了他的上衣,让他慢下脚步。

"我们能跟你就说一两句话吗,卢里教授?"一个声音道。

他没有理睬,紧走几步挤进拥挤的门厅,大家纷纷转过头来盯着这个匆忙逃离追赶者们的大个子。

有人挡住了他的去路。"别动!"她说。他扭过脸去,伸出一只手来遮挡。闪光灯一闪。

一个姑娘绕着他转圈子。她头发上缀满琥珀珠子,直直地分披在脸庞两侧。她微笑着,连雪白的牙齿都露了出来。"我们能停下来谈谈吗?"她道。

"谈什么?"

一个录音机戳到了他面前。他把它推到一边。

"谈谈到底是怎么回事。"那姑娘道。

"什么怎么回事?"

相机又闪了一下。

"你知道,听证会。"

"我不能对此发表评论。"

"好吧,那你能对什么发表评论?"

"我不想就任何事情发表评论。"

闲得无聊的和求新好奇的已经开始围了上来。他要是想脱身的话,就得从他们当中硬挤出去了。

"你感到抱歉吗?"那姑娘道,录音机戳得更近了,"你对自己的所作所为感到遗憾吗?"

"不,"他说,"我的人生因这种经验而受益匪浅。"

微笑仍挂在那姑娘的脸上。"那么你会再干吗?"

"我想我不会再有机会了。"

"如果你还有机会呢?"

"你这不是个真正的问题。"

她还想得到更多,往那小机器的肚子里装更多的料进去,可一时间她也不知道该如何引诱他爆出更多失检的言论。

"他因这种经验怎么着啦?"他听见有人 sotto voce① 问道。

"他的人生因此而受益匪浅。"

一声窃笑。

"问问他是否道歉了。"有人朝那姑娘喊道。

"已经问过啦。"

招供,道歉:为什么这么渴望他卑躬屈节? 一时间都没

---

① 意大利语:低声,轻声。

话说了。他们围着他就像是一群猎人已经把一只怪兽赶入了死角,却又不知道该如何将它消灭。

那张照片登在了第二天的学生报纸上,配图的文字写的是:"现在谁是那个傻瓜?"照片上的他两眼朝天,朝镜头伸出一只手,像是要去抓那个相机。这姿势本身已经够可笑的了,而使这张照片变本加厉的是有个年轻人笑得合不拢嘴,把一个倒扣着的字纸篓举在他头上。由于视错觉的缘故,那字纸篓活像个傻瓜的帽子①一样正好扣在他脑袋上。面对这样的一个形象,他还有什么机会?

"委员会对最终判决三缄其口。"头版的大字标题写道,"负责调查针对传播学系教授戴维·卢里的骚扰学生及行为不端指控的纪律委员会昨日对于其最终判决三缄其口。主席马纳斯·马塔贝恩只是说,调查结果已提交校长,由其决定该如何惩处。

"听证会后,在跟 WAR 成员的口头交锋中,卢里(五十三岁)说他发现他的人生因和女学生的性关系经验而'受益匪浅'。

"问题的爆发源于班上的学生对卢里——一位浪漫主义诗歌专家——提起的性骚扰投诉。"

马塔贝恩给他家里打了个电话。"委员会已经把正式

---

① 旧时学校里作为惩罚给成绩差的学生戴的一种圆锥形的纸糊帽子,叫作傻瓜高帽。

的建议提交上去,戴维,校长要我最后再跟你联系一次。他不准备采取极端措施,他说,前提是你得以个人的名义发表一项既能让你本人也能让我们感到满意的声明。"

"马纳斯,这个问题我们已经讨论过了。我——"

"别急。听我把话说完。我这边已经有一份草拟的声明,它完全符合我们的要求。声明很短。我给你念念好吗?"

"念吧。"

马塔贝恩念道:"我无保留地承认严重地损害了举报人的人权,也损害了学校授予我的权力。我真诚地向以上双方表示歉意,并接受任何应受的处罚。"

"'任何应受的处罚':这话什么意思?"

"我的理解是,你不会被开除。十之八九,你会被要求请一段时期的假。最终是否能重返教学岗位将取决于你自己,以及你们院长和系主任的决定。"

"就这些? 这就是那一揽子交易啰?"

"这是我的理解。如果你表示你同意发表这一声明——它将具有请求从轻发落的性质——校长将准备以这样的精神来接受它。"

"以什么样的精神?"

"以悔罪的精神。"

"马纳斯,我们昨天已经讨论过忏悔的事宜了。我的想法都已告诉你们了。我不会这么做。昨天我是站在一个官方组建的法庭面前,站在一个法律的分支面前。在这样一个世俗的法庭面前我承认有罪,一种世俗意义上的认罪。这一认罪应该已经足够了。至于悔罪,那是与本题毫不相干的。忏悔属于另一个世界,属于另外一个话语体系。"

"你这是在把问题复杂化,戴维。没有人命令你进行悔罪。如果只是作为你所谓的世俗法庭的成员而非你的人类同胞,你的灵魂中到底发生了什么,我们并不知情。你只是被要求发表一项声明罢了。"

"我被要求发表一份致歉声明,而至于此项声明是否发自内心其实是无所谓的吗?"

"评判的标准并不在于你是否发自内心。我已经说过,那是你自己的良心问题。评判的标准在于你是否准备以公开的方式承认你的错误,并愿意采取步骤予以补救。"

"我们这真是在钻牛角尖了。你们指控了我,而我承认指控属实。你们需要我做的无非就是这些。"

"不。我们需要的不止这些。不需要太多,但需要再多一点。我希望你能审时度势,看清自己的出路,满足我们的要求。"

"抱歉,我做不到。"

"戴维,我没办法继续保护你免受自己的伤害了。我已经感到厌烦了,委员会的其他成员也都厌烦了。你需要时间重新考虑一下吗?"

"不需要。"

"很好。那我只能说,你就静候校长发落吧。"

七

　　他一旦下定决心要离开,也就没什么能留得住他了。他把冰箱清空,把房门锁好,中午的时候已经上了高速公路。在奥茨胡恩①过一夜,天刚破晓再次上路:上午十点左右的时候他已经接近目的地了:东开普省格雷厄姆斯敦②至肯顿③公路上的萨勒姆④镇。

　　他女儿的小农场在一条蜿蜒曲折的土路的尽头,距离镇子有好几英里远:有五公顷地,大部分适于耕种,一台风力泵,几间牲口棚和谷仓、车库之类的附属建筑,还有一幢不规则地延伸开来的低矮农舍,外墙刷成黄色,白铁皮的屋顶,屋前一排有顶的游廊。前面的边界是由一道铁丝网以及几丛旱金莲和天竺葵加以标识的;其余的部分就是沙土和碎石子。

　　车道上停着辆大众迷你巴士;他把车停在了它后头。

---

　　① 奥茨胡恩(Oudtshoorn),西开普省中南部城镇,跨格洛贝拉尔斯河两岸,在开普敦至伊丽莎白港中途。
　　② 格雷厄姆斯敦(Grahamstown),东开普省东南部城市。
　　③ 肯顿(Kenton),东开普省阳光海岸的一个滨海小镇。
　　④ 萨勒姆(Salem),东开普省的一个居民点,在格雷厄姆斯敦以南约二十公里处。

露西从游廊的阴凉处走进阳光里。一时间他有点认不出她来了。一年没见，她又长了不少肉。她的屁股和胸部现在相当（他搜寻着最合适的字眼）丰满。她舒服地赤着脚，走上前来迎接他，大张开双臂，拥抱他，亲了亲他的面颊。

多好的一个姑娘，他拥抱着她不禁暗想；长途旅程的终点，多好的欢迎方式！

那房子很大，很暗，而且即使在正午时分也冷飕飕的，还是大家庭人口众多、众宾客迎来送往的那个时代建造的。六年前，露西作为一个群居团体的一员住了进来，他们那伙年轻人在格雷厄姆斯敦售卖皮货，把陶坯放到太阳底下晒干，在玉米地里间种大麻。那个群居团体散伙以后，残余组织转移到了新毕士大①，露西则和她的朋友海伦继续留在了这个小农场。她已经爱上了这个地方，她说；她想好好地耕种这片农田。他帮她把这地方买了下来。瞧瞧她现在的样子：印花布裙子、赤着脚，住在一幢满是烘焙气味的房子里，已经不再是个玩农场扮家家游戏的孩子，而是一个结实的乡下女人，一个 boervrou②。

"我把你安置在海伦的房间，"她说，"能晒到早上的阳光。你不知道这个冬天早上能有多冷。"

"海伦怎么样了？"他问。海伦是个愁眉苦脸的大块头

---

① 新毕士大（New Bethesda），东开普省斯尼乌山脚下的一个村庄，距赫拉夫-里内特镇约五十公里，像其他南非干旱台地的村庄一样，一八七五年作为一个教堂镇创建起来，一八八六年取得自治地位，"毕士大"典出《圣经·约翰书》，为耶路撒冷一池名，池水能够治病。

② 南非荷兰语：布尔女人。布尔人是南非荷兰移民的后裔。

女人,嗓音低沉、皮肤粗糙,年纪比露西要大。他从来就没弄明白露西到底看上她什么了;他私心希望露西能找到个更好的人,或是被更好的人找到。

"海伦四月份就回约翰内斯堡了。除了帮忙的,就我一个人在这儿。"

"你没跟我说嘛。你一个人不害怕吗?"

露西耸耸肩。"有狗呢。狗还是有用处的。狗越多,威慑力就越大。反正,要是真有什么人闯了进来,我看两个人也未见得就比一个人强。"

"你倒是还真挺豁达。"

"是呀。在别的一切都不管用了的时候,那就只能豁达一点啰。"

"你不是有武器嘛。"

"我有支来复枪。等我拿给你看看。我从一个邻居那儿买的。我还从没当真用过它,不过我是有枪的。"

一群狗和一支枪;炉里的面包和地里的庄稼。真是够奇怪的,他和她母亲都是典型的城里人,是知识分子,居然生出这么一个返祖的、健壮的年轻垦殖者。不过也许造就她的并不是他们:也许历史起到了更大的作用。

她给他准备好了茶点。他饿了:狼吞虎咽地吃下了两片砖头厚的面包,面包上抹了仙人果的果酱,也是自家做的。他意识到他吃的时候,她一直在看他。他可得小心了:再没有比父母身体的那些不经意的姿态在孩子看来更令人反感的了。

她自己的手指甲也不太干净。乡间的泥土:是种光荣吧,他琢磨着。

他在海伦的房间里打开行李箱。抽屉都空着;在那个巨大的旧式衣橱里只挂了件蓝色罩衫。如果说海伦已经不在这里的话,那她走了可绝非只有一小会儿。

露西带他在整个农场里四下转了转。她提醒他不要浪费水,不要弄脏化粪池。他知道这些教训,不过仍旧尽职地听着。然后她带他去看了寄宿的狗舍。上次他来的时候还只有一间棚子。现在已经有五间了,造得很结实,水泥的地基,镀锌的梁柱和撑杆,覆以很粗的铁丝网,狗舍都建在蓝桉幼树的树荫里。狗狗见到她都很兴奋:杜宾犬、德国牧羊犬、罗得西亚背脊犬、斗牛猎犬、罗威纳犬①。"看家狗,全都是,"她说,"工作犬,以短期合同寄养的:两周的,一周的,也有的只有一个周末。暑假期间送来寄养的特别多。"

"有猫吗? 你不接收猫吗?"

"别笑话我。我正考虑着把业务拓展到猫的寄养呢。只是还没把猫舍建起来。"

"你集市上的摊位还在吗?"

"还在,每周六上午。到时候带你去看看。"

这就是她的谋生手段:靠狗舍,还有售卖鲜花和农场上的出产。再没有比这更简单的了。

"这些狗就不会觉得烦吗?"他指着一只棕褐色的母斗牛犬问道,那只狗独自关在一个笼子里,脑袋趴在爪子上,愁眉苦脸地看着他们,都懒得站起来。

---

① 以上这些品种都是中、大型猛犬。

"凯蒂? 她①是被遗弃的。她的主人逃之夭夭了。好几月都没付钱了。我也不知道该拿她怎么办。尽力帮她找个家吧,我想。她是在生闷气呢,不过除此以外,她都还不错。每天都有人带她出去活动活动。不是我就是彼得勒斯。这是那一揽子协议里的一部分。"

"彼得勒斯?"

"你会见到他的。彼得勒斯是我的新助理。事实上,从三月份开始就是农场的合伙人了。很不错的一个伙计。"

他跟着她信步经过土砌的水坝,里面有一群鸭子在安详地游水,经过蜂房,然后穿过菜园:一畦畦花圃和冬季的蔬菜——菜花、土豆、甜菜、蒿苣菜、洋葱。他们参观了建在农场边上的泵房和蓄水池。过去两年间的雨水都不错,地下水位有所上升。

她说起这些事情来轻描淡写。新一代的拓殖农民。以前是养牛种玉米。现在是养狗种水仙。改变的地方越多,就越是万变不离其宗。历史在重复它自己,尽管是以一种更加温和的方式。也许历史已经学到了教训。

他们沿一条灌溉沟走了回来。露西赤脚的脚趾抓着红色的泥土,留下清晰的脚印。一个健壮的女人,完全融入了她的新生活。很好! 如果这就是他身后将留给这个世界的——这个女儿,这个女人——那他就没什么好羞愧的了。

---

① 小说在提到动物时,有时用"he""she",有时用"it",或许表现出小说中的人物对于动物所持的不同情感,译文亦步亦趋;在遇到"they""them"时,则依据上下文,分别译为"他(她)们"或"它们"。

"你没必要特意招待我,"进屋以后他说,"我把我的书都带来了。我只需要一张桌子和一把椅子。"

"你在进行某项具体的研究吗?"她小心翼翼地问。他的工作并不是他们经常谈起的话题。

"我有些想法。关于拜伦生命中的最后那几年。不是一本书,或者说不是我过去写过的那种书。更多的是为舞台而写的。是台词和音乐。其中的人物又说又唱的。"

"我倒不知道你在那个方面还有抱负。"

"我是想放纵一下自己。不过也还不止于此。一个人总想在身后留下点什么。或者说,至少是一个男人总想在身后留下点什么。一个女人就容易些。"

"为什么一个女人就容易些呢?"

"我的意思是,更容易创造出一个拥有自己生命的东西。"

"做父亲的就不作数吗?"

"做父亲的……我忍不住觉得,跟做母亲的相比,做一个父亲是件相当抽象的事务。不过还是让我们等着瞧吧,看看我到底能写出点什么来。如果真能写出点东西来,你会是第一个知道的。第一个,而且也许是最后一个。"

"你打算音乐也自己来写吗?"

"音乐我会借用,大部分借用。我对于借用没什么疑虑不安。一开始,我觉得这个主题会需要相当华丽悦耳的管弦乐编曲。像施特劳斯那样的,比方说。那就超出我的能力之外了。现在我则倾向于另一个方向,只需非常简单的伴奏即可——小提琴、大提琴、双簧管或者也许用巴松

80

管。不过这还全都在构思的阶段而已。我还没写出一个音符来——这段时间一直都有干扰。你肯定已经听说过我惹的麻烦了。"

"罗兹①在电话里提了一下。"

"那好,咱们现在就先不谈这个。改天再谈。"

"你这是彻底离开大学了?"

"我已经辞职了。我被要求辞职了。"

"你会怀念它吗?"

"我会怀念它吗? 我不知道。我本来也不是那种非常出色的老师。我和我的学生之间的关系越来越不融洽,我发现。我要说的他们没兴趣听。所以我可能不会怀念它。我可能会挺享受这种解脱。"

有个男人站在门口,一个大高个的男人,穿一身蓝色工作服,脚上一双橡胶靴,头戴一顶羊毛帽。"彼得勒斯,进来,见见我父亲。"露西道。

彼得勒斯擦拭了一下橡胶靴。他们握了握手。一张皱纹堆垒、饱经风霜的面孔;一双精明机灵的眼睛。有四十了? 还是四十五?

彼得勒斯转向露西。"那喷雾剂,"他说,"我是来拿那喷雾剂的。"

"在那辆迷你巴士上。在这儿等一会儿,我这就去拿。"

就剩了他和彼得勒斯在一起。"你负责照看那些狗。"

---

① 罗莎琳德的昵称。

他说，为的是打破沉默。

"我照看那些狗，还在菜园里干活。是的。"彼得勒斯灿烂地一笑，"我是园丁，又是看狗人。"他琢磨了一会儿。"看狗人。"他重复了一遍，在咂摸这个词儿。

"我刚从开普敦来。有时候，一想到我女儿就这么一个人待在这里，我就觉得挺不放心的。这里太偏僻了。"

"是的，"彼得勒斯道，"是挺危险的。"他顿了顿，"现如今到处都很危险。不过这儿倒还算不错，我想。"然后又粲然一笑。

露西拿了个小瓶子回来了。"你知道用量的：一茶匙兑上十升水。"

"是的，我知道。"然后彼得勒斯就一猫腰，从低矮的门洞里出去了。

"彼得勒斯看起来是个好人。"他评论道。

"他脑子转得很对头。"

"他住在农场里吗？"

"他和他妻子住在那间旧马厩里。我已经接上了电。那儿住着挺舒服的。他在阿德莱德①还有个妻子和几个孩子，有几个已经成人了。他有时候也去那儿待上一段时间。"

他让露西忙她自己的，出门信步走了走，一直走到肯顿公路。一个有点凉的冬日，太阳已经慢慢沉入红土山背后，

---

① 阿德莱德（Adelaide），东开普省一乡镇，位于大温特伯格山脉（Great Winterberg mountain range）附近。

山上点缀着稀疏的发黄的野草。贫瘠的大地，贫瘠的土壤，他想。已经枯竭了。只合适放放山羊。露西当真打算在这儿过一辈子吗？他希望这只是一个阶段。

一帮放学回家的孩子从他身边走过。他跟他们打了个招呼；他们也都做出了回应。乡下的行为方式。开普敦已经在渐渐隐入过去。

对于那个姑娘的记忆毫无征兆地突然回到他的脑海：她那对紧实的小乳房，坚挺的乳头，她那平坦光滑的小腹。一股欲望的潮水漫过他的身体。很显然，不管那到底是什么，都还没有过去。

他回到屋里，把开箱归置的工作做完。已经很久没和一个女人一起生活了。我一定得注意自己的言行举止；他一定得保持整洁体面。

丰满这个词用在露西身上算是非常友善的。很快她肯定就只能说是粗壮了。自暴自弃，一个人在从爱情的战场上撤退以后总会是这样。Qu'est devenu ce front poli, ces cheveux blonds, sourcils voûtés?[①]

晚饭很简单：汤和面包，然后是甘薯。通常他不喜欢吃甘薯，不过露西加上柠檬皮、黄油和多香果烹饪了一下以后就变得很美味了，美味极了。

"你要在这儿待一阵子吗？"她问。

"一星期？咱们就暂时说好一星期吧？你能忍受我这

---

① 法语：那明净的额头、金黄的头发、弯弯的眉毛，都变成了什么？出自法国诗人维永（François Villon，1431—约 1463）的诗《制造头盔的美女之遗憾》（*Les Regrets de la Belle Heaulmière*）。

么长时间吗?"

"你想待多久就能待多久。我只是担心你会感到厌烦。"

"我不会感到厌烦的。"

"那一星期以后,你要去哪儿?"

"现在还不知道。也许我就到处逛逛,开始一段长期的漫游。"

"反正,我欢迎你住在这儿。"

"你这么说真是好心,我亲爱的,但我还希望能继续保持我们的友谊。做客时间太长就做不成好朋友啦。"

"如果我们不称它为做客呢? 如果我们称其为避难呢?你愿意接受无限期的避难吗?"

"你是说政治庇护吗? 还没糟到那个地步,露西。我还不是个逃亡者。"

"罗兹说此前的气氛非常不友善。"

"是我自己招的。人家给了一个妥协方案,我不愿接受。"

"什么样的妥协方案?"

"再教育。性格改造。委婉的说法是心理辅导。"

"你就这么完美,连一点点心理辅导都接受不了?"

"这太让我想起群众运动了。当众认罪,自我批评,公开道歉。我落伍了,我宁肯就这么被往墙上一推,一枪爆头。以完此劫。"

"一枪爆头? 就因为和一个学生闹出了恋爱事件? 有点太过了吧,你不觉得吗,戴维? 这种事肯定是一直都有的。我做学生的时候一定就有。要是他们把每个当事人都枪毙了,那干教师这一行的可就剩不下多少了。"

他耸耸肩。"这是全员清教徒的时代。私人生活成了公共事件。好色是值得尊敬的,好色和多愁善感。他们想要的是热闹的公开表演:捶胸顿足,悔恨交加,最好再来个涕泗横流。一场电视秀,事实上。恕不奉陪。"

他本来还想补充一句,"其实,他们是想把我给阉了",但这样的话他不能说,不能对他女儿说。事实上,他现在通过另一个人的耳朵听来,他整个的这通言辞激烈的长篇大论已经显得过于滥情、矫饰了。

"所以你坚持己见,他们也坚持他们的。是这么回事吗?"

"多多少少吧。"

"你不该这么固执己见的,戴维。固执己见可算不上是英勇不屈。还有机会重新考虑一下吗?"

"没有了,这是最终判决。"

"不能上诉?"

"不能上诉。我不是在抱怨。你不可能一方面对邪恶堕落的指控认罪伏法,一方面还指望人家对你满腔同情。过了一定的岁数以后,就不会有此奢望了。过了一定的岁数以后,你压根儿也就不再求恳申诉了,仅此而已。你也就只能伏下身子,把剩余的人生过完。把你的刑期服完。"

"好吧,真可惜。你愿意在这儿待多久就待多久。不管你出于什么样的考虑。"

他早早就上了床。夜半时分他被一阵狗叫声惊醒了。有一只狗尤其不间断地吠叫,机械地叫起来就没个完;其他的狗加入进来,安静下来,然后,因为不甘认输,重又加入进来。

"每晚都来这么一出吗?"第二天早上他对露西道。

"慢慢也就习惯了。非常抱歉。"

他摇了摇头。

八

　　他已经忘了东开普台地上的冬天早上有多冷了。他没把该带的衣服带来：只得借了件露西的毛衣。

　　两手揣在衣袋了，他在花圃间闲逛。看不见的肯顿公路上，一辆车呼啸而过，声音在静止的空气中久久徘徊不去。大雁排成梯队在头顶的高空中飞过。他该怎么打发他的时间呢？

　　"你想出去走走吗？"露西在他身后道。

　　他们带上了三只狗一起出去：两只年轻的杜宾犬，露西用一条皮带拴着他们俩，还有那只母斗牛犬，被遗弃的那只。

　　耳朵朝后扳着，那只母狗想要排便。什么都没排出来。

　　"她出问题了，"露西道，"我得给她服点药了。"

　　那只母狗继续努力想要排便，舌头伸出来，眼睛不停地四面扫视，像是被人看得不好意思似的。

　　他们离开大路，穿过灌木林地，然后又穿过一片稀疏的松林。

　　"你闹出师生恋来的那个姑娘，"露西道——"你是认真的吗？"

"罗莎琳德没跟你讲过吗？"

"没讲任何详细的情况。"

"她老家就在这一带。在乔治城。她选了我的一门课。学业上只是中等，不过非常吸引人。是不是认真的？我不知道。其后果肯定不是闹着玩的。"

"不过现在都结束了吧？你已经不再追求她了吧？"

都结束了吗？他还在追求她吗？"我们的接触已经终止了。"他说。

"她为什么要告发你？"

"她没说；我没机会问她。她处境很艰难。有个年轻人，她的情人或者前情人，在威吓她。有班上的压力。后来她父母也听说了，就跑到了开普敦来。是压力太大了，我想。"

"而且还有你。"

"是的，还有我。我想我也不好对付。"

他们来到了一个大门前，门上有块牌子，上写道："SAPPI① 实业公司——擅入将被起诉。"他们就掉头回去了。

"好吧，"露西道，"你已经付出代价了。也许，回顾起来，她不会把你想得太苛刻的。女人有时候宽大起来真会让人感到惊讶的。"

---

① 原是"南非纸浆和造纸工业有限公司"（South African Pulp and Paper Industries Limited）的缩写，现直接称为 SAPPI，成立于一九三六年，总部在约翰内斯堡，为南非拥有全球业务的规模最大的纸浆和造纸公司。

一阵沉默。露西,他的孩子,这是在教导他女人到底是怎么回事吗?

　　"你有没有想过再次结婚?"露西问道。

　　"娶个跟我年龄相仿的女人,你是说? 我这人天生不适合结婚,露西。你都亲眼看到了。"

　　"是的。可是——"

　　"可是什么? 可是再这么继续捕食小姑娘是不得体的?"

　　"我不是这个意思。只不过你会发现这么做是越来越难,而不是越来越容易了,随着时间的流逝。"

　　他和露西以前还从没说起过他的私生活。这并不是件容易的事。可是不对她讲,他又能对谁讲呢?

　　"还记得布莱克吗?"他说,"怀揣欲望而不行动不啻杀死一个襁褓中的婴儿。①"

　　"你为什么要引这句诗给我听?"

　　"怀揣欲望而不行动对老人的影响就跟对年轻人一样恶劣。"

　　"所以呢?"

　　"我曾接近过的每一个女人都教我认识了我自己的某个方面。在这个意义上,她们都使我变成了一个更好的人。"

　　"我希望你不会认为反之亦然。认识你使你的那些女人也变成了更好的人。"

---

　　① 出自威廉·布莱克的长诗《天堂与地狱的婚姻》。

他严厉地看着她。她微微一笑。"开个玩笑而已。"她说。

他们沿着那条沥青马路往回走。在通往小农场的岔道口,有一块他之前没有注意到的标牌,上面写着:"**鲜切花。铁树**。"画着个箭头:"**一公里**。"

"铁树?"他说,"我还以为卖铁树是违法的呢。"

"从野地里挖出来卖是违法的。我是从种子种出来的。我带你去看看。"

他们继续朝前走,两只年轻的狗拽着皮带想要挣脱开来,那只母狗悄没声地跟在他们后面,吁吁地喘。

"那你呢?这就是你想要的生活吗?"他朝那园子,朝屋顶在太阳下闪着光的那幢农舍挥了挥手。

"会是的。"露西轻声回答道。

星期六,集市日。按照事先的安排,露西在五点钟叫醒了他,给他递上一杯咖啡。天气很冷,两人裹得严严实实的,到园子里和彼得勒斯会合。彼得勒斯已经在那儿,借着一盏卤素灯的亮光剪切鲜花了。

他主动要求替彼得勒斯干一会儿,可是他的手指很快就冻得扎不住花束了。他把细绳还给彼得勒斯,改为帮他把扎好的花束包好装箱。

七点钟,晨光刚刚露出山头,狗也开始活跃起来的时候,他们的活儿已经干完了。迷你巴士里装满了一箱箱的鲜花,一袋袋的土豆、洋葱、卷心菜。露西开车,彼得勒斯坐在后面。车上的暖气坏了;透过雾气罩罩的挡风玻璃费劲地往外瞅着,她走的是通格雷厄姆斯敦的那条路。他坐在她旁边,吃着她为他做的三明治。他的鼻子在往外流鼻涕;他希望她没注意到。

如此说来:全新的历险。他的女儿,曾几何时是他开车送她去上学和芭蕾舞班,带她去马戏团和滑冰场的,现在却是她带着他外出,带他去体验生活,去体验另外那个他不了解的世界。

在唐金广场上,摊主们已经在忙着把临时性的搁板桌支起来,把货物摆出来。有一股子烧肉的味道。一层冷雾罩在市镇上空;人们搓着手,跺着脚,骂骂咧咧。有一种欢乐友好的气氛,他感到欣慰的是,露西对此貌似敬而远之。

他们似乎是在农产品的那个区域。他们左边是三个非洲女人,在卖牛奶、玉米粉团①和黄油;还有一只蒙着湿布的桶,里面装的是汤骨。他们右边是一对阿非利堪人②老夫妇,露西和他们打招呼的时候称他们为坦特·米姆斯和奥姆·科斯,他们还有个头戴巴拉克拉瓦盔式帽③的小帮手,看起来不可能超过十岁。和露西一样,他们也卖土豆和洋葱,不过还有罐装果酱、蜜饯、干果、小袋装的南非香叶茶、南非蜜树茶和各种香草。

露西带了两只帆布凳。他们喝着保温瓶里装的咖啡,等着第一批顾客上门。

①　玉米粉团(masa),拉美人用以制作玉米粉圆饼、玉米粉蒸肉等。
②　阿非利堪人(Afrikaner),荷裔南非白人。
③　巴拉克拉瓦盔式帽(balaclava cap),一种包头护耳、长及肩部的帽子。

两星期前,他还在教室里向这个国家那些厌烦的年轻人解释 drink(喝)和 drink up(喝完)、burned(烧着)和 burnt(烧焦,烧完)之间的区别。后者是完成体动词,表示一个动作已经完成和结束。这一切看起来是多么遥远!我活着,我一直活着,我活过①。

　　露西的土豆倒到一个大篮子里,都已经洗干净了。科斯和米姆斯的土豆上面仍沾着泥土。一上午的时间里,露西卖了有将近五百兰特。她的鲜花卖得也很不错;十一点的时候,她把价格又降了一下,剩余的农产品也都卖出去了。卖奶和肉的货摊上,生意也很红火;不过那对老夫妻肩并肩坐在那儿,木头木脑的,不苟言笑,生意就差了不少。

　　露西的很多顾客都叫得出她的名字:大多数都是中年妇女,对她的态度中有一丝主人的架势,就仿佛她生意做得好也是她们的功劳似的。每次她都这么介绍他:"见见我的父亲,戴维·卢里,从开普敦过来看我。""你一定很为你的女儿骄傲,卢里先生。"她们都这么说。"是的,非常骄傲。"他都这样回答。

　　"动物庇护所就是贝芙开的,"在介绍过其中一个女人以后她这么说,"有时候我也去帮帮她。我们回去的时候就去她那儿看看,要是你愿意的话。"

　　他可不喜欢贝芙·肖,一个风风火火的小女人,身材矮胖,一脸黑雀斑,头发剪得很短,跟铁丝一样硬,而且还没有

---

①　原文为 I live, I have lived, I lived:分别为一般现在时、现在完成时和一般过去时。

脖子。他向来不喜欢那些根本无意于让自己显得有些魅力的女人。也正是为此,他以前对露西的那些朋友一直都不怎么待见。这没什么值得骄傲的:不过是一种钻进他脑子里,而且在那儿生了根的偏见而已。他的脑袋已经变成了那些老观念的避难所,那些无聊的、贫乏的、再无别处可去的旧想法。他本该把它们都驱逐出去,把他的地盘打扫干净的。可他又不太想这么做,或者没那么迫切地想这么做。

动物福利协会一度曾是格雷厄姆斯敦一个活跃的慈善组织,但已经不得不停止运营了。不过一小部分志愿者在贝芙·肖的领导下,仍旧在其旧址经营着一家动物诊所。

就他的记忆所及,对于露西混迹其中的这些动物爱好者们他并无任何不满。没有了他们,这个世界无疑会变得更加糟糕。所以,当贝芙·肖把大门打开的时候,他装出一副开心友善的样子,虽然扑面而来的猫尿、狗癣和杰伊斯消毒液①的气味让他大为厌烦。

房间里就跟他想象中的一模一样:破烂的家具,一大堆小摆设(瓷质的牧羊女、牛铃、一柄鸵鸟毛的驱蝇掸子),哇啦哇啦个没完的收音机,吱吱叫着的笼里的小鸟,脚底下到处都是猫咪。不单是有个贝芙·肖,还有位比尔·肖,同样是个矮胖子,正坐在厨房的桌旁喝茶,脸红得像甜菜根,一头银发,穿一件领子松松垮垮的毛衣。"请坐,请坐,戴夫②。"比

---

① 杰伊斯消毒液(Jeyes Fluid),英国杰伊斯有限公司生产的一种历史悠久的消毒液品牌。
② 戴夫,戴维的昵称。

尔道,"来杯茶,就当是自己家,别客气。"

这个上午过得可不轻松,他累了,他最不想做的就是跟这些人闲磕牙了。他瞟了露西一眼。"我们不久留,比尔,"她说,"我只是顺道来拿些药的。"

透过一扇窗户,他瞥见了肖家的后院:一棵苹果树正往下掉虫蚀斑斑的果子,蔓生的野草,有块地方用白铁板圈了起来,木头的托板,旧轮胎,一群小鸡四处乱刨,还有一只样子奇特、像是小羚羊的动物在一个角落里打盹。

"你觉得怎么样?"事后露西在车里问他。

"我不想无礼。这本身是种亚文化,我敢肯定。他们没有孩子吗?"

"是的,没有孩子。可别小看了贝芙。她一点都不傻。她做的好事真是数不胜数。她投身 D 村的工作有好些年了,先是为了动物福利协会,现在是为她自己。"

"那肯定是场必败无疑的战斗。"

"是的,是这么回事。已经没有资金来源了。在国家那首要之务的列表上面,是没有动物的一席之地的。"

"她一定非常绝望。你也一样。"

"是的。不。这有什么关系呢?她救助的那些动物并不绝望。他们无比欣慰呢。"

"如此说来,那就太好了。很抱歉,我的孩子,我发现对这个话题我就是提不起兴致来。你所做的,她所做的,都是非常令人钦佩的,可是在我看来,这些一心只关注动物福利的人就有点像是某种类型的基督教徒。每个人都那么兴高采烈,都那么用心良苦,可是跟他们待了一会儿以后你却

94

恨不得躲得远远的,而且成心要去干些强奸抢劫的罪恶勾当。哪怕是对着一只猫踹上一脚。"

对自己的这阵突然爆发他非常奇怪。他并没有情绪不佳,一点都没有。

"你认为我应该去做些更重要的事情。"露西道。他们已经开上了大路;她手扶方向盘,看都没看他一眼。"你认为,就因为我是你的女儿,我就应该把我的人生用于去做些更好的事情。"

他已经在拼命摇头了。"不……不……不。"他喃喃道。

"你认为我应该去画画静物或者自学俄语。你不赞成贝芙和比尔·肖这样的朋友,因为他们不会把我带入一种更高层次的生活。"

"这不是事实,露西。"

"可事实就是这样。他们不会把我带入一种更高层次的生活,而其原因就是,根本就没有更高层次的生活。就只有现存的这种生活。我们和动物分享的这种生活。这是像贝芙这样的人努力树立的一种榜样。是我努力遵从的榜样。与野兽分享我们人类的某些特权。我不想以狗或猪这种另外的存在方式重新回到这个世界时,不得不像生活在我们欺压之下的猪狗一样地生活。"

"露西,我最亲爱的,不要生气。是的,我同意,这是唯一存在的生活。对于动物,让我们尽一切可能善待他们。可我们也不要丧失我们的正确认识。我们是和动物处于不同层次的造物。并不一定更高,只是不同而已。所以,如果我们打算善待他们的话,就让这种善待的出发点是单纯的慷慨宽宏,而不是因为我们自觉有罪或害怕来世报应。"

    露西深吸了一口气。她像是要对他的说教做出回应,结果却并没有这么做。他们一言不发地回到了家里。

九

　　他坐在起居室里看电视上的足球赛。比分是零比零；两个队似乎对赢球都没什么兴趣。

　　解说交替使用索托语①和科萨语②，这两种语言他一个字都听不懂。他把音量调得很低。南非的礼拜六下午：奉献给男人以及他们的娱乐的一段时间。他打起了瞌睡。

　　醒过来的时候，彼得勒斯坐在他旁边的沙发上，手里拿着瓶啤酒。他已经把音量调高了。

　　"林羚队，"彼得勒斯说，"我支持的球队。林羚队对日落队。"

　　日落队得到一次角球的机会。球门区一片混战。彼得勒斯喃喃抱怨，紧紧抱住自己的脑袋。尘埃落定之后，是林羚队的守门员趴在地上，把球压在了自己的胸口下。"他真棒！他真棒！"彼得勒斯说，"他真是个好守门员。他们

---

① 索托语（Sotho），通行于索莱托、博茨瓦纳和南非北部，属班图语系东南班图语族。

② 科萨语（Xhosa），旧称卡菲尔语，通行于南非共和国，特别是好望角以东的班图语言，属尼日尔-刚果语系贝努埃-刚果语族班图语支的东南分支或恩古尼语分支。

一定得留住他。"

比赛以零比零结束。彼得勒斯换了台。拳击：两个小人，小得也就刚到裁判的胸口，绕圈，跃进，相互痛打。

他站起身，信步来到后面的卧室。露西正躺在床上看书。"你在看什么？"他道。她探询地望着他，然后取出耳朵里的耳塞。"你在看什么？"他重复了一遍；然后说，"看来是不大好相处了，是不是？我是不是该走了？"

她微微一笑，把书放到一边。《德鲁德疑案》①：出乎了他的意料。"坐下。"她说。

他在床上坐下，无所事事地抚摸着她的光脚。脚长得真漂亮。骨肉停匀，像她母亲。一个女人处在她这样如花的季节，尽管身材笨重，尽管衣服难看，仍旧很有魅力。

"在我看来，戴维，我们相处得再好也没有了。我很高兴有你在这儿。你需要一点时间来适应乡下生活的步调，仅此而已。你一旦找到事情做了，你就不会觉得这么无聊了。"

他心不在焉地点点头。有魅力，他在想的是，却没有男人赏识。他需要自责吗？还是不管怎么说总归是这样的结果？从他女儿出生的那天起，他对她怀有的就是一种发自内心的、毫无保留的爱。她是不可能感受不到这一点的。是这种爱给得太多了吗？她已经觉得这是一种负担了？已经对她造成了一种压迫了？她已经从邪恶的角度来理解这

① 《德鲁德疑案》(*The Mystery of Edwin Drood*)，狄更斯最后一部未完成的长篇小说。

种爱了?

　　我不知道露西和她所爱的人在一起是什么样子的,爱她的人和她在一起又是什么样子。他从来就不惮于沿着蜿蜒曲折的路径将某一种想法穷追到底,现在也不惧怕。他养育的是个充满激情的女人吗?在感官的世界里,她能得到什么,又有什么是她得不到的?他和露西也能谈论这个话题吗?露西一直以来过的并非一种受到保护的生活。他们爷俩为什么就不能坦诚相见呢?在别人都已经不再会设置禁区的时候,他们为什么还要谨小慎微呢?

　　"一旦我找到事情做了,"他说,从他的神思恍惚中缓了过来,"你这话指的是什么?"

　　"你可以帮着照顾那些狗。你可以负责把喂狗的肉食切碎。我一直都觉得那活儿不容易干。还有彼得勒斯。彼得勒斯正忙着开创他的农场呢。你可以帮他一把。"

　　"帮彼得勒斯一把。这主意我喜欢。我喜欢这种具有历史意味的辛辣刺激。你觉得他会因为我的劳动而付我工资吗?"

　　"问问他。我肯定他会给的。今年早些时候,他从土地管理局拿到了一笔补助金,足够他买一公顷的地,再从我这儿买一点去。我没跟你说过?分界线穿过那个蓄水池。蓄水池归我们共有。从分界线到围墙的那部分都是他的。他有一头母牛,春天就要下崽儿了。他有两个妻子,或者一个妻子和一个女友。他要是善于运筹帷幄,他就能拿到第二笔补助金,用来造幢房子;这样他就能从马厩里搬出来了。照东开普省的标准,他算是个有财产的人了。让他付你钱。他付得起的。反而是我不能确定还能不能雇得起他了。"

"好吧,我来负责切狗食,我跟彼得勒斯提出帮他刨地。还有什么吗?"

"你可以在动物诊所里帮忙。他们急需志愿者。"

"你是说去帮贝芙·肖。"

"是的。"

"我不认为她和我能合得来。"

"你不需要跟她合得来。你只要帮她的忙就行。不过可别指望能有报酬。你将不得不完全出于自己的善心去做这件事。"

"我吃不准,露西。这听起来疑似去做社区服务。听起来像是你为了过去的错误行为而努力做出补偿。"

"说到你的动机,戴维,我可以向你保证,诊所里的动物们才不会去打听这个呢。他们不会问,也不会在乎。"

"好吧,我答应去做。可是唯一的条件是我不需要变成一个更好的人。我不准备被改造。我想继续做我自己。在这个前提之下我愿意去做。"他的手仍放在她的脚上;这时他捏紧了她的脚踝,"明白了吧?"

她给了他一个他只能称为甜蜜的微笑。"这么说来你是决意要继续做个恶人了。又疯,又恶,而且非常危险①。我保证,谁都不会要求你变个样的。"

---

① "Mad,bad,and dangerous to know"原是拜伦的情人卡罗琳·兰姆夫人(Lady Caroline Lamb)对他的著名评价。

她对他的取笑就活像是她母亲过去对他的取笑。如果有什么区别的话,那就是她的才智显得更为锋利。他一直都受到才智型女人的吸引,才智和美貌。哪怕出于最良好的意愿,他在梅拉妮身上也找不出什么才智来。可是她真美啊。

再一次掠过他的身体:一阵轻微的情欲的战栗。他也意识到露西正在观察他。看来他是没办法加以掩饰了。有意思。

他站起身,出门来到了院子里。那几只年轻的狗见到他显得很高兴:他们在笼子里来回小跑,热切地哀嚎。可那只老母斗牛犬却几乎动都不动。

他走进她的笼子,把身后的门关上。她抬起头来,打量了他一下,头又耷拉了下来;她肚子上的乳头松松垮垮地垂着。

他蹲下来,搔着她的耳朵背后。"我们都被人遗弃了,是不是?"他喃喃道。

他在光秃秃的水泥地上挨着她仰面朝天躺下。顶上是那淡蓝色的天空。他的四肢放松下来。

露西找到他的时候他就是这个样子。他肯定是睡着了:他知道的第一件事,就是她拿着水罐也在笼子里,那只母狗站了起来,正在闻她的脚。

"交朋友呢?"露西道。

"她这个朋友不怎么好交。"

"可怜的老凯蒂,她正伤心呢。没人想要她,她知道这一点。具有讽刺意味的是,她的后代肯定遍及这一地区,他们也会很高兴和她一同分享他们的家。可他们却没有邀她去同住的权力。他们就是家具的一部分，报警系统的一部分。他们对我们就像对待神一样，给我们如此大的荣幸，而我们对他们的回报却是把他们当东西一样对待。"

他们离开了笼子。那只母狗又颓然倒下，闭上了眼睛。

"教父①们曾就他们进行过长时间的辩论，最后的结论是他们并没有完善的灵魂，"他说道，"他们的灵魂与他们的肉体捆绑在一起，并随着肉体死灭。"

露西耸耸肩。"我都不确定我有个灵魂。就算是见到了，我也不知道那就是个灵魂。"

"不是这样的。你就是个灵魂。我们都是灵魂。我们生下来以前就已经是灵魂了。"

她奇怪地瞅着他。

"你打算拿她怎么办？"他说。

"凯蒂吗？我想留下她，要是不得不这么做的话。"

"你从来就没杀过动物吗？"

"没，我没有。贝芙干过。这个工作别的人都不想干，所以她就只能自己来干了。这让她难过极了。你小看了她。她这个人比你想的要有趣得多。即使是以你自己的标准来衡量。"

他自己的标准：是什么呢？那个身材矮胖、嗓音难听的小女人理应被置之不理？一阵忧伤的阴影涌上心头：为孤

---

① 教父（Church Father），特指公元最初几个世纪基督教的重要主教或杰出的教诲家，他们的著作是后人判断是非的依据，尤其是在有关信仰或习俗的有争议性的问题上。

零零地待在笼子里的凯蒂，为他自己，为每一个人。他深深地叹了口气，并不想掩饰。"原谅我，露西。"他说。

"原谅你？为了什么？"她轻快地微笑着，带点取笑的意味。

"因为我是那两个被指定把你带到这个世界上来的凡人中的一个，因为我没能成为一个更好一点的领路人。不过我会去帮助贝芙·肖的。条件是我不必一定叫她贝芙。这名字叫起来实在是太蠢了。它让我想起某种牲口①。我从什么时候开始？"

"我给她打个电话。"

---

① 也许是因为"Bev"与"beef"拼写和读音都有点相似。

十

　　诊所外面的牌子上写着：**动物福利协会 W. O.** ① **1529**。下面的一行字写明营业时间，可是已经用胶带给贴上了。门前是一队等着的人，有些人带着动物。他从车里一下来，孩子们就把他团团围住，讨钱或者只是盯着他看。他从人群里挤过去，突然一阵刺耳的叫声，是两只狗在相互咆哮和撕咬，被它们的主人分别拽了回去。

　　狭小、简陋的候诊室里挤满了人。为了能进去，他得从某个人的腿上跨过去。

　　"肖太太呢？"他问道。

　　一个老太婆朝着一扇用塑料门帘隔开的门努了努嘴。这个女人用根短绳子拴着只山羊；那山羊紧张地大瞪着眼睛，注视着那几只狗，蹄子哐哐地敲击着坚硬的地板。

　　里面那个房间里一股子刺鼻的尿味，贝芙·肖正在一张不锈钢桌面的矮桌上忙活。她拿着一支小手电筒，朝一只貌似罗得西亚背脊犬和黑背豺杂交的年轻狗的喉咙里窥

---

① 　南非"葡萄酒原产地"（Wine of Origin）的缩写，东开普省属于这个葡萄酒产区的范围。

探。一个赤脚的孩子跪在桌子上,显然是狗主人,用一只胳膊夹紧那只狗的脑袋,努力使狗嘴巴保持张开的状态。狗的喉咙里传来一阵低沉、咕噜咕噜的咆哮;强有力的后半身紧绷着。他笨手笨脚地前去帮忙,把狗的两条后腿压在一起,迫使它蹲坐下来。

"谢谢你,"贝芙·肖说,她的脸涨红了,"这里因为有颗阻生牙从而形成了脓肿。我们没有抗生素,所以——按住他别让他动,兄弟!——所以我们只好把脓肿划开,希望能有最好的结果吧。"

她摸索着把一把柳叶刀伸进狗嘴里。那狗突然猛地一动,从他手里挣脱了出来,也差一点挣脱了那男孩的胳膊。他在那狗挣扎着要从桌子上跳下去的时候一把抓住了它;有一瞬间,那只狗的眼睛充满愤怒和恐惧,直盯着他的眼睛。

"让他侧面躺下——这样。"贝芙·肖说。一边轻声温柔地抚慰,一边熟练地把狗绊倒,翻一下它的身体让它侧身躺着。"皮带。"她说。他用一条皮带捆住狗的身体,她扣上了搭扣。"你这样。"贝芙·肖道,"脑子里转一些能安慰人、让人坚强的想法。他们能闻出你在想些什么。"

他把全身的分量都压在那只狗身上。那男孩用一块破布把手缠起来,小心翼翼地再次掰开了狗的嘴巴。狗的眼睛满怀恐惧地转个不停。他们能闻出你在想些什么:真是胡说八道!"好了,好了!"他喃喃道。贝芙·肖又把柳叶刀探了进去。狗干呕了一下,全身一僵,然后就放松下来。

"就这样了,"她说,"现在我们就只能听天由命了。"她把搭扣松开,磕磕巴巴地貌似用科萨语跟那男孩说了几句话。那只狗抖抖索索地站在桌子底下。桌面上溅落了一些血迹和唾液;贝芙把它们都擦了去。那男孩哄着那只狗出了门。

"谢谢你,卢里先生。你来真是帮了大忙。我感觉到你是喜欢动物的。"

"我喜欢动物吗?我吃它们,所以我想我肯定是喜欢它们的,它们的某些部分。"

她的头发是密密层层的小卷卷。是她自己卷的吗,用卷发钳?不太可能:那每天都要花好几个钟头。肯定是天然长成那样的。他还从来没近距离地看到过这样的 tessitura①。她耳朵上的静脉血管就像是红紫色的细丝工艺一样清晰可见。她鼻子上的血管也是一样。然后就是一个下颏直接戳在胸口上,就像只球胸鸽一样。作为一个整体,完全没有吸引力。

她还在琢磨他的话,似乎没明白他说这番话的语气。

"是呀,我们这个国家确实吃掉了很多动物,"她说,"这似乎也并没有给我们带来多大益处。真不知道我们该怎么向他们证明这么做是正当的。"然后,"我们来开始下一例好吗?"

证明它是正当的?什么时候?在最后的审判日?他很想能听她多说两句,不过这不是时候。

那只山羊,一只成年的公山羊,几乎都没办法走路了。

---

① 意大利语:组织,构成。

他半边的阴囊又黄又紫,肿胀得像个气球;另一半整个儿就是凝结成一块的血和土。他是被几只狗给咬的,那老妇人道。不过他看上去倒是挺聪明的样子,相当活泼和好斗。就在贝芙·肖给他做检查的时候,他还往地上拉了一小串羊屎蛋子。那老妇人站在他脑袋前面,抓住他的两只角,假装要责骂他。

贝芙·肖用一根药用棉签碰了碰山羊的阴囊。山羊抬腿就踢。"你能把他的腿给捆住吗?"她问,同时指示他该怎么做。他把山羊的右后腿和右前腿用皮带捆在一起。那只羊还想再踢,结果跟跄了一下。她用棉签轻轻地擦拭伤口。那只羊颤抖着,咩咩直叫:一种难听的声音,低沉而又嘶哑。

把泥土擦干净以后,他看到那伤口并没有愈合,白色的蛆虫晃动着露在外头的盲目的小脑袋。他打了个冷战。"是丽蝇,"贝芙·肖道,"至少有一个礼拜了。"她扁了扁嘴唇。"你老早就应该把他带来了。"她对那女人道。"是呀。"那女人道,"每天晚上狗都会来。真是太糟糕了。像他这样的公羊得值五百兰特呢。"

贝芙·肖直起腰来。"我不知道我们还有什么办法。我没有做切除手术的经验。她可以等星期四奥斯图伊岑医生来做这个手术,反正这个老家伙也没有生育能力了,她想这么做吗?然后还有抗生素的问题。她准备花钱买抗生素吗?"

她再次在山羊旁边跪下,用鼻子蹭着他的脖子,用自己的头发自下往上抚弄他的咽喉。山羊在哆嗦,却没有动。

她向那女人示意，让她松开拽着的羊角。那女人照办了。那只羊并没有挪动。

她悄声细语。"你说该怎么办，我的朋友？"他听见她说，"你说该怎么办？这样行吗？"

那只羊就像是被催眠了一样，站在那里一动不动。贝芙·肖继续用自己的头轻抚着他。她自己也像是陷入了一种恍惚的状态。

她清醒过来，站起身。"恐怕太晚了，"她对那女人说，"我没办法治好他。你可以等星期四医生来了再过来，或者你也可以把他留给我。我能给他一个平静的结束。他会让我为他做这件事的。可以吗？我可以留他在这儿吗？"

那女人踌躇了一会儿，然后摇了摇头。她开始拽着那只羊朝门口走去。

"事后你还是可以把他要回去的，"贝芙·肖说，"我会帮他渡过难关，仅此而已。"虽然她努力控制着自己的声音，他仍能听出其中失败的意味。那只羊也听了出来：他踢着皮带，向后踢腿又向前猛冲，那让人恶心的肿胀的阴囊在他身后直晃荡。那女人把皮带拉拉松，把它往旁边一扔。然后他们就走了。

贝芙·肖掩住脸，擤了擤鼻子。"没什么。我为最糟的情况准备了足够的致命剂，可我不能强迫主人们接受。那是他们的动物，他们喜欢用自己的方式把他们宰杀。多可惜啊！多好的一个老伙计，这么勇敢，这么正直又这么自信！"

致命剂:是种药的名字? 他可不会让它离开制药公司半步。突然的黑暗,饮一口忘川①之水。

"也许他懂的比你猜到的还要多,"他说,他自己也觉得奇怪,他居然在尽力安慰她,"也许他早已渡过了那道关口。生来就有先见之明,可以说。这是非洲,毕竟。自打开天辟地这儿就已经有山羊了。他们不需要别人告诉他们铁能用来干什么,火又能干什么。他们知道死亡是怎么降临到一只山羊身上的。他们生下来就已经做好了准备。"

"你这么认为吗?"她说,"我可不确定。我想我们在没人陪护的情况下都不会准备好去赴死的,我们全都是这样。"

他这才开始明白事情原来是这么回事。他这才隐约知道这个丑陋的小女人为自己设定的任务。这幢凄凉的建筑并不是个治疗的地方——她那点医术太业余了,根本力不能及——而是个最后的陪护。他想起了那个故事——是说谁的来着? 圣于贝尔②? ——他曾为一头逃离猎狗的追赶,气喘吁吁、心慌意乱地撞进他的小礼拜堂的鹿提供庇护。这位贝芙·肖不是个兽医而是个女祭司,满嘴新世纪③的怪力乱神,荒唐地想要减轻非洲这些受苦受难的野兽的负担。露西还以为他会发现这个女人很有趣。露西错了。"有趣"

---

① 忘川(Lethe),冥府一河流名,饮其水即忘却过去的一切。同时"Lethe"又是"lethal"(致命的,致命剂)一词的词源。

② 圣于贝尔(Saint Hubert),猎人的主保圣人,据说六八三年他在修道院附近的弗雷森林目睹一牡鹿两角夹一十字架。

③ 新世纪(New Age),二十世纪七十至八十年代,由秉持神秘主义、形而上学的宗教社团传播形成了一个新世纪运动,该运动期待着一个充满爱和光明的"新世纪"的到来,并主张通过个人的转变和治疗让人们得以预先体验那个即将到来的世纪。

可绝不是个合适的词。

他整个下午都在诊所里度过,尽自己所能帮她的忙。当天的最后一个病例处理完以后,贝芙·肖带他在院子里四处看了看。在禽鸟笼里只有一只鸟,是只年轻的鱼鹰,一只翅膀用夹板固定着。其余的都是狗:不是露西养的那种干净整洁的纯种狗,而是一大帮骨瘦如柴的杂种狗,把两个狗棚子都快给挤爆了,兴奋地尖叫、狂吠、呜咽、又蹦又跳。

他帮她把干狗粮倒出来,又往水槽里注满水。他们倒空了两个十公斤的狗粮袋子。

"你拿什么来付这些狗粮的钱?"他问。

"我们成批趸买的。我们发起公益征集。我们接受捐赠。我们提供免费的绝育服务,由此得到政府的补助金。"

"谁来做绝育?"

"奥斯图伊岑医生,我们的兽医。不过他一个星期只来一个下午。"

他在看着那些狗进食。让他意外的是,几乎没有争食打斗的情况发生。那些小的、弱的缩在后面,甘心认命,等着轮到他们再吃。

"麻烦的是,他们实在太多了,"贝芙·肖道,"他们不理解,当然了,我们也没办法告诉他们。说他们太多是按照我们的标准,不是他们的。他们只要是做得到,就只会繁殖、繁殖,直到他们把整个地球都填满。他们不认为有很多后代是件坏事。越多越高兴。猫也是一样。"

"还有老鼠。"

"还有老鼠。这倒是提醒了我:回家后可是要找找身上有没有虱子。"

有一只狗在吃饱喝足以后，眼睛闪着幸福的光彩，透过铁丝的网眼闻着他的手指，然后开始舔。

"他们倒是很平等的，不是吗？"他评论道，"没有阶级。没有一个高不可攀、强大无比，不能去闻另一个的屁股。"他蹲下来，让那只狗闻他的脸，他的气息。那只狗有一种他认为可以称为聪颖的神情，尽管可能根本就不是这么回事。"他们都要死吗？"

"那些没人愿意要的。我们就得把他们处死。"

"而你就是干这个工作的那个人。"

"是的。"

"你不介意吗？"

"我当然介意。我非常介意。可我不想让那些并不介意的人来为我做这件事。你会吗？"

他没有作声。然后："你知道我女儿为什么把我送到你这儿来？"

"她跟我说你遇到过麻烦。"

"可不仅仅是麻烦。我想人们会把它叫作耻辱。"

他密切地观察着她。她像是有些不自在；不过也许这只是他的想象。

"知道这件事以后，你还想继续用我吗？"他说。

"如果你准备要……"她两手往外一摊，合在一起，然后再次摊开。她不知道该说些什么，而他也并没有帮她。

此前他和他女儿只短暂地一起生活过。现在他却分享了她的住房、她的生活。他一定得小心,别让那些老习惯又悄悄溜了回来,那些做父母的习惯:把卷纸放回到卷轴上,把灯关掉,把猫从沙发上撵走。要练习着进入老年,他告诫自己。要练习着与人融洽相处。要练习着当好家里的长辈。

他假装自己累坏了,晚饭后就马上回到了自己的房间,他能隐约听到露西在过她自己的生活的那些声音:抽屉的打开和关闭,收音机,打电话的低语声。她是打电话到约翰内斯堡,在和海伦通话吗?是他的到来把她们俩给分开的吗?他在这儿住的时候,她们俩还敢睡在一张床上吗?那张床要是在夜里吱嘎作响的话,她们会觉得不好意思吗?会不好意思到半途停下来吗?可是对于两个女人在一起会怎么做,他又知道些什么?也许女人根本不需要把床铺弄得吱嘎作响。尤其是对于这两个女人,露西和海伦,他又知道些什么?也许她们就只像是小孩子那样睡在一起,搂搂抱抱,摸摸碰碰,咭咭呱呱,再次体验少女时代的生活——与其说是恋人不如说是姐妹。分享一张床,分享一个浴缸,一起烘焙姜饼曲奇,相互换着衣服穿。萨福之爱①:为体重增加找个借口。

事实是,他不喜欢想到他女儿正处在因对另一个女人满怀激情而产生的痛苦中,而且是个很不起眼的女人。可如果她爱的是个男人,他会更为高兴一点吗?他到底想要

---

① 因古希腊女诗人萨福(活动时期约公元前 610—约前 580)的作品多写女性间的友谊及不睦,故以"萨福之爱"代指女同性恋。

露西怎么样？也并不是要她永远是个孩子，永远天真无邪，永远是他的——肯定不是那样。可他是个父亲，这就是他的命运，而当一个父亲年纪越来越大——这由不得他——就会越来越转向自己的女儿。她变成了他的第二个救星，他转世再生的青春的新娘。也难怪在童话故事里，王后们总会千方百计要追杀她们的女儿了！

他叹了口气。可怜的露西！可怜的女儿们！这是什么样的定数，什么样的负担！还有儿子们：他们也肯定有他们的苦难，尽管他对此知之甚少。

他希望他能入睡。可他觉得很冷，毫无睡意。

他起身，往肩上披了件外衣，又回到床上。他在读拜伦一八二○年的书信。三十二岁就中年发福的拜伦客居拉文纳①的圭乔利家：和特蕾莎——他那沾沾自喜的短腿情妇以及她那温文尔雅又阴险恶毒的丈夫住在一起。夏日的暑热，傍晚的茶点，外省的闲言碎语，几乎不加掩饰的哈欠。"女人坐成一圈，男人在玩一成不变的法罗牌。"拜伦写道。在通奸中，婚姻生活里所有的那些沉闷和乏味统统被重新发掘出来。"我一向都认为，人一过了三十岁，就跟恋情中所有真正或强烈的快感完全无缘了。"

他又叹了口气。秋天以及随之而来的冬天之前的夏日是何其短暂！他一直读到过了午夜，可仍无法入眠。

———————

① 拉文纳（Ravenna），意大利东北部港市。

十一

那天是星期三。他起得很早,不过露西在他之前就起床了。他发现她正在观看蓄水池里的几只大雁。

"多可爱呀,"她说,"他们每年都回来。同样这三只。他们能到这儿来,我觉得太幸运了。居然能被他们选中。"

三个。那倒也不失为一种解决的办法。他和露西和梅拉妮。或者他和梅拉妮和索拉娅。

他们一起吃了早饭,然后带那两只杜宾犬出去遛遛。

"你觉得能在这儿,在世界的这个部分生活下去吗?"露西突然出人意料地这么问他。

"为什么有此一问?你是需要个新的看狗人吗?"

"不是,我没那么想。不过你肯定是能在罗得斯大学①——你在那儿一定有不少熟人——或者伊丽莎白港②找到个教职。"

"我不这样想,露西。我已经不再有市场了。那丑闻

---

① 罗得斯大学(Rhodes University),东开普省格雷厄姆斯敦的公立研究型大学,是省里四所大学之一。
② 伊丽莎白港(Port Elizabeth),东开普省港市,南非最重要的城市之一。

会跟在我屁股后面,甩都甩不掉的。不,如果我要找份工作的话,那也得是那种默默无闻的,像是记账员——如果还有这样的工作,或者养狗场的服务员。"

"可你要是想让这丑闻不再继续传播,你难道不该站出来为自己辩白吗?你要是一味地逃避,那飞短流长不是更会变本加厉吗?"

露西小时候一直都很温顺文静,不爱抛头露面,对他就只是观察,据他所知,从来不做评判。而现在,在她二十五六岁上,她已经开始表现得大不相同了。养狗、种花种菜、研究星相书、穿无性别的衣服:在他看来,这每一种选择都像是一次独立宣言,深思熟虑而又意志坚定。厌恶男性也是一样。创造自己的生活。从他的阴影中走出来。好!他赞同!

"对于我采取的行动,你是这么想的吗?"他说,"逃离犯罪现场?"

"喔,你反正是退出了。从实际的效果来看,又有什么区别呢?"

"你没有抓住要领,我亲爱的。你希望我光明正大地为自己辩白的做法,已经不再行之有效了,basta①。在我们这个时代是行不通了。就算我想这么做,也没人肯听我的。"

"不是这样的。就算你真像你所说的是一只道德恐龙,也总有人会有这个好奇,想听听这只恐龙会说些什么。

---

① 意大利语:够了,得了,算了。

比如我就很好奇。你有什么可为自己辩护的理由？说出来听听。"

他犹豫了。她当真希望他吐露更多的隐私？

"我的辩护理由是基于欲望的权利，"他说，"这种权利是神明所赐，就连小鸟都会为之而激动战栗。"

他看到自己在那姑娘的公寓里，在她的卧室，外面是瓢泼大雨，屋角的取暖器发出一股子煤油的气味，骑跨在她身上，脱光她的衣服，她的胳膊就像死人一样垂挂在身体两侧。我当时成了厄洛斯的奴仆：他想这么说，可他真有这么厚的脸皮吗？当时是神附了我的体。何其虚荣！可也不是谎言，不全是。在这整个卑鄙的事件中，确有某种高洁的东西在竭力绽放开来。他要是早知道那时间是如此短促就好了！

他又尝试了一次，以更为舒缓的方式。"你小的时候，当时我们还住在肯尼尔沃思①，隔壁的那户人家养了一只狗，一只金毛的寻回犬。不知道你还记不记得。"

"依稀还记得。"

"是只公狗。只要附近出现一只母狗，它就会兴奋不已、很难控制，而按照巴甫洛夫的条件反射原理，狗主人就会打它。反复这样做的结果，就是那只可怜的狗都不知道到底该如何是好了。一闻到母狗的气息，它就绕着花园兜圈子，耳朵贴着脑门，夹着尾巴，呜呜哀叫，想找个地方躲起来。"

---

① 肯尼尔沃思（Kenilworth），开普敦的一个区。

他停顿了一下。"我不太明白你的意思。"露西道。也是,他到底什么意思?

"在这场活剧当中有一种非常可耻的东西,让我简直感到绝望。你可以惩罚一只狗,在我看来,如果它犯了像是把拖鞋咬烂了这样的过错。一只狗是会接受这种处罚的正义性的:因为咬烂了拖鞋而被打一顿。可欲望就是另外一回事了。因为遵循自己的本能行事而受到惩罚,这样的事情是没有任何动物能够接受的。"

"所以男性就该被允许不加抑制地遵循自己的本能行事啰?这就是故事的寓意?"

"不,这并不是故事的寓意。肯尼尔沃思这场活剧当中最可耻的地方在于,那只可怜的狗已经开始憎恨自己的天性了。你已经不需要再去打它。它已经准备去惩罚自己了。到了那样的地步,你还不如干脆一枪崩了它。"

"或者给它做绝育。"

"也许吧。不过在内心的最深处,我想它可能宁肯被一枪打死。在提供给它的选项当中它可能宁肯选择这个:否则的话那不但要否定自己的天性;而且要在起居室里度过自己的余生,在那几堵墙中间来回溜达,叹着气闻闻猫咪,变得越来越胖。"

"你老有这种感觉吗,戴维?"

"不,不总有。有时候我的感觉正好相反。觉得欲望真是种负担,没有了它我们也能活得很好。"

"我得说,"露西道,"我本人也倾向于这种观点。"

他等着她继续说下去,但她并没有。"不管怎么说,"

她道，"回到原来的那个话题，出于安全考虑，你被驱逐了出来。你的同事们又可以轻松地呼吸了，而那个替罪羊则在荒野里游荡。"

这是句陈述？还是句疑问？她相信他只是个替罪羊吗？

"我觉得成为替罪羊的说法并非最好的描述方式，"他小心翼翼地说，"替罪羊是唯有背后仍有宗教力量在起作用的时候才实际上行之有效的。你把整个城市的罪孽都加在那只羊的背上并把它赶出去，这个城市也就得到了净化。它行之有效是因为每个人都知道该怎么解读这一仪式，包括那些神明。后来诸神都死了，于是突然间，你只能在没有神助的情况下来净化这个城市了。在没有了象征的仪式以后，你就只能采取实际的行动了。审查便相应而生，罗马意义上的审查。警惕便成了口号：所有的人都警惕所有的人。洗罪被清除所取代。"

他有些得意忘形了；他又在讲课了。"反正，"他总结道，"和城市道了永别以后，我又发现自己在荒野里干起了什么呢？为狗做绝育。给一个专门从事绝育和安乐死的女人充当得力助手。"

露西呵呵一笑。"贝芙？你认为贝芙也是那压迫机器的一部分？贝芙对你充满敬畏！你可是个大教授。她还从来没见过一位老派的教授呢。她在你面前，连讲话都生怕会犯什么语法错误。"

小路上有三个男人朝着他们走过来，或者说是两个男人和一个男孩。他们走得很快，迈着乡下人那种很大的步

118

子。走在露西身边的那只狗慢下脚步,竖起了毛发。

"我们该感到紧张吗?"他低声道。

"不知道。"

她收短了那只杜宾犬的皮带。那几个人已经来到他们面前。一个点头,一声招呼,他们已经过去了。

"他们是谁?"他问。

"从没见过他们。"

他们来到林场的边界,转身往回走。那几个陌生人已经不见了踪影。

走近农舍的时候,他们听到笼子里的狗叫成了一片。露西加快了步伐。

那三个人在那儿,正等着他们。两个男人站在稍后的位置,那个男孩就在笼子边,朝那些狗发出嘘声,还做出突兀的、威胁的手势。狗狂怒不已,又叫又咬。露西身边的那只狗想要挣脱皮带。就连那只似乎已经被他收养了的老斗牛母狗,也在轻声地低吠。

"彼得勒斯!"露西叫道。可是并不见彼得勒斯的身影。"别惹那些狗!"她喊道。"Hamba①!"

那男孩慢悠悠地走开,重新回到那两个同伴身边。他长了张扁平的、没有表情的脸,猪一样的眼睛;他穿了件印花衬衫、一条肥大的裤子,戴一顶小小的黄色遮阳帽。他那两个同伴都一身工作服。个子更高的那个相貌漂亮,漂亮得令人侧目,高高的额头,雕塑般立体的颧骨,宽宽的、张大

---

① 科萨语:走开。

的鼻孔。

一见到露西,狗都平静了下来。她打开第三个笼子,把那两只杜宾犬放了进去。勇敢的姿态,他暗想;但是明智吗?

她对那两个男人说:"你们想要干什么?"

说话的是年轻的那个。"我们必须打个电话。"

"为什么必须打电话?"

"他姐姐,"——他含糊地往后一指——"出了意外。"

"意外?"

"是的,非常严重。"

"什么样的意外?"

"孩子。"

"他姐姐要生孩子?"

"是的。"

"你们从哪儿来的?"

"埃拉斯穆斯克拉尔。"

他和露西交换了个眼神。埃拉斯穆斯克拉尔,在那片保留林里面,是个没通电、没通电话的小村庄。他这番说辞倒是讲得通的。

"你们为什么不在林业站打?"

"那里没有人。"

"待在这儿。"露西低声向他道;然后又问那个男孩,"想打电话的是哪一位?"

他指指那个高个子的漂亮男人。

"进来吧。"她说。她打开后门进了屋。那高个子男人跟了进去。过了一会儿,那第二个男人从他身边挤过去,也进了屋。

有点不对劲,他马上就感到。"露西,快点出来!"他叫道,一时间拿不定主意是该跟进去还是等在这儿看着那个男孩。

屋子里什么声音都没有。"露西!"他再次喊道,正打算冲进去的时候,门闩咔嗒一声锁上了。

"彼得勒斯!"他竭尽全力大声呼叫。

那男孩一转身,全速朝前门跑去。他放开了那只斗牛犬的皮带。"追上他!"他喊道。那只狗拖着沉重的步伐追了上去。

他在房前赶上了他们。那男孩已经捡起一根豆架的爬杆,用它来不让那只狗近身。"嘘……嘘……嘘!"他气喘吁吁地用那根杆子又戳又刺。那只狗低吠着,一左一右地兜着圈子。

他顾不上他们,倒回头去朝厨房的后门冲去。下面那半扇门没闩上:他猛踢了几脚就把它踹开了。他匍匐在地爬进了厨房。

他当头挨了重重的一击。他刚来得及暗想:如果我还有知觉,那就证明我还没事,四肢马上一软,瘫在了地上。

他感到自己被横拖过厨房的地板。然后就失去了知觉。

他脸朝下趴在冰凉的瓷砖地上。他尽力想站起来,可是两条腿却无论如何都动弹不得。他再次闭上了眼睛。

他是在卫生间里,露西家的卫生间里。他头晕眼花地站起身来。门是锁着的,钥匙不见了。

他在马桶座上坐下来,努力想恢复过来。屋子里很寂静;狗在吠叫,不过似乎更多的是出于责任,而并不狂热。

"露西!"他嘶哑地叫道,然后又叫得更高一些,"露西!"

他尝试着踹门,可他浑身上下都不听使唤,而且空间实在太局促了,那扇门又太老、太结实。

这么说来它已经来了,考验他的那一天。没有事先预警,没有大张旗鼓,它就在这儿,而他就置身于它正当中。他的心脏在他的胸腔里极为剧烈地跳动,它想必以它迟钝的方式,也已经知道了这一点。他们该如何勇敢地去面对这场考验,他和他的心脏?

他的孩子正在陌生人的手里。一分钟、一个小时以后,就会太迟了;不管她身上正在发生什么,都将会板上钉钉,都将会属于过去。不过现在还不算太迟。现在他必须有所行动。

尽管他努力去听,却辨别不出屋里有任何动静。可是如果他的孩子正在呼喊,哪怕声音再暗哑,他肯定也能听得见!

他捶打着房门。"露西!"他喊道,"露西!回答我呀!"

门开了,把他推了个踉跄。他还没站稳,那第二个男人,矮个子的那个,用脖子夹着个一升装的空瓶子。"钥匙。"那人道。

"不。"

那人猛推了他一把。他往后一个趔趄,重重地坐在地上。那人举起了那个瓶子。他面色很平静,没有一丝发怒的意思。这只是他在干的一件工作：让一个人交出一样东西。如果为此需要拿个瓶子打他，他就会打他，需要打多少下就打多少下，如果需要的话，就把瓶子都给砸碎。

"拿去吧，"他说，"把一切都拿去吧。就是别碰我的女儿。"

那人一言不发，接过了钥匙，又把他锁在了里面。

他浑身战栗。一个危险的三人组。他怎么就没有及时看出来呢？不过他们没有伤害他，还没有。是不是有可能拿走这幢房子里的一切对他们来说就足够了呢？是不是有可能他们也并不会去伤害露西呢？

从屋后传来人的声音。狗的吠叫声又大了起来，更加激动了。他站在马桶座上，透过栅栏费力地向外张望。

手持露西的来复枪和一个胀鼓鼓的垃圾袋，那第二个男人刚刚转过屋角不见了。汽车门砰地关上了。他认出了那声音：他的车。那人两手空空地再次出现。一时间，两人的目光正好碰在一起。"嘿！"那人招呼道，阴阴地一笑，又喊了句什么。接着爆发出一阵大笑。过了一会儿，那男孩也走了过来，他们俩站在窗户底下，审视着他们的囚犯，讨论着他的命运。

他会讲意大利语，他会讲法语，可意大利语和法语都救不了身处最黑暗的非洲的他。他孤立无助，他成了个萨利大婶①，一个卡通人物，一个身披法衣、头戴遮阳帽的传教

---

① 萨利大婶(Aunt Sally)，英国市集游戏中口含烟斗的女模拟像名，游戏者用棒或球投掷其烟斗，作为一个通用词汇，引申为靶子、众矢之的等意。

士,双手紧扣、两眼向天,而那些野蛮人则用他们的方言叽里咕噜地商量着怎么把他扔进那口沸腾的大锅里。传教工作:那旨在普度众生的巨大的事业,到底留下了什么? 他是什么都看不出。

这时,那个高个子从屋前也绕了过来,手持那支来复枪。他轻松老练地把一只弹夹压进枪膛,把枪口插进狗笼子里。那只最大的德国牧羊犬喷着口水朝枪口扑去。砰的一声巨响,鲜血和脑浆在笼子里飞溅开来。一时间狗吠声都停止了。那人又开了两枪。一只狗被洞穿了胸腔,马上就死了;另一只喉部敞开了一个伤口,沉重地趴下,耳朵摊平,茫然地望着这个都不肯费心给他 coup de grâce① 的人的一举一动。

一片肃静。剩下的三只狗无处躲藏,退到棚子的最后面,挤来挤去,轻声地悲嗥。那人不慌不忙,打一枪停一下,把他们都干掉了。

走廊里传来脚步声,卫生间的门再次打开了。那第二个男人站在他面前;在他身后他能瞥见那个穿花衬衫的男孩,正吃着一杯冰淇淋。他想用肩膀从那男人身边硬挤出去,却重重地摔倒在地板上。他给绊倒了:他们肯定是踢足球时学到的本事。

他四肢摊开躺在地上的时候,从头到脚被浇上了某种液体。他眼睛刺痛,他想擦掉它们。他认出了那种气味:甲基化酒精。挣扎着想站起来,他还是被推回到了卫生间里。

---

① 法语:(为解除垂死痛苦而给予的)慈悲的一枪。

一根火柴嗤地一划,他马上就被包裹在了冷蓝色的火焰里。

这么说来他还是错了!他和他女儿毕竟还是没有被轻饶!他会燃烧,他会烧死;而如果他会死,那么露西也会死,尤其是露西!

他像个疯子一样拍打自己的脸;他的头发一烧着就噼啪乱响;他四下乱滚,发出一阵阵无以名状的嘶吼,那声音并没有任何意义,就只有恐惧。他竭力想爬起来,却又被按倒在地。有那么一会儿,他的视力清楚了起来,他看见,就在距离他的脸几英寸的地方,是蓝色的工作服和一只鞋。那只鞋大脚趾的位置往上翻起;有几片草叶嵌在鞋底的纹路里。

一束火焰在他的手背上无声无息地跳动。他挣扎着跪起来,把手伸进马桶的水里。门在他身后关上了,钥匙咔嗒转了一下。

他俯身在马桶上,往脸上泼水,把头往水里浸。烧焦的头发发出难闻的臭气。他站起来,把衣服上残余的一点小火焰给拍死。

他用一叠叠的湿纸浸自己的脸。他两眼生疼,一边的眼皮已经睁不开。他伸手撸了一遍自己的脑袋,指尖上全都是黑黑的烟灰。除了一边耳朵上面还剩下一小撮以外,他像是已经没有了头发;他整个头皮都变软了。浑身上下到处都变软了,到处都烧着(burned)了。都烧着(burned)了,都烧焦(burnt)了。

"露西!"他喊道,"你在吗?"

他脑海中浮现出露西正和那两个身穿蓝色工作服的人

125

撕扯在一起的情景,奋力地反抗他们俩。他痛苦地扭曲了一下身体,尽力想把这一情景抹去。

他听到他的车发动了起来,还有轮胎碾过石子路的吱嘎声。这就结束了吗?他们就要走了?真让人不敢相信。

"露西!"他喊道,一遍又一遍,直到他都能听出自己的声音就快有一种疯狂的味道了。

终于,上帝保佑,钥匙在门锁里转动了一下。等他把门打开,露西已经背转过身去。她穿了件浴袍,她的脚光着,她的头发是湿的。

他跟在她后面穿过厨房,里面冰箱的门大开着,食物撒了一地。她站在后门口,看到了狗棚里的大屠杀。"我亲爱的,我亲爱的!"他听到她喃喃自语。

她打开第一个笼子,走了进去。那只咽喉重伤的狗不知怎么的竟然仍在呼吸。她俯身下去,对它说话。它虚弱地摇了摇尾巴。

"露西!"他又叫了一声,直到现在,她才第一次转过身来凝视着他。她皱起了眉头。"他们到底对你干了些什么?"她说道。

"我最亲爱的孩子!"他说。他随她走进笼子,想把她抱在怀里。她温柔而又坚决地挣脱出来。

起居室里一片狼藉,他自己的房间也是一样。东西都被拿走了:他的外衣,他的好鞋,而这还不过只是开始。

他照了照镜子。他的头发就只剩下棕色的灰,盖在他的头皮和前额上。底下的头皮呈现出发了炎的粉红色。他摸了摸皮肤:很疼,而且开始渗出液体。一边的眼皮肿得睁不开;他的眉毛已经没有了,他的睫毛也是一样。

他走到浴室,可是门关着。"别进来。"露西的声音道。

"你没事吧? 你受伤了吗?"

愚蠢的问题;她没有回答。

他在厨房的水龙头底下一杯接一杯地往头上浇水,想把那些灰洗掉。水顺着后背流下来;他开始冷得直打哆嗦。

这种事每天、每小时、每分钟,他告诉自己,在这个国家的每个地方都会发生。能捡回这条命就算是万幸了。这个时候没被囚禁在那辆车里亡命天涯,或者脑袋上挨一粒枪子被扔在干沟里就算是万幸了。露西也算是万幸了。尤其是露西。

拥有任何东西都有风险:一辆车、一双鞋、一盒烟。总是不够分的,汽车、鞋子和香烟,全都不够分。人太多,东西太少。无论是什么,都得进入循环,这样每个人就都有机会能快活上那么一天了。理论上是这样的;那就抱住这个理论以及理论能提供的安慰吧。并不是什么人性之恶,只是一个巨大的循环系统,对于其运转,怜悯和恐惧都浑不相干。你在这个国家里,就必须这样看待生活:在其运作原理方面。否则你是会发疯的。汽车、鞋子;女人也是一样。在这个系统里必须要有为女人,以及会发生在她们身上的事情保留的合适位置。

露西已经出现在他身后。她现在穿了条宽松长裤,披了件雨衣;她的头发都梳到后头,脸上干干净净,一片空白。他直看进她的眼睛里。"我最亲爱的,最亲爱的……"他说,被突然涌出的泪水给噎住了。

她没有动一个手指来安慰他。"你的头看起来真可怕。"她评论道,"浴室的柜子里有婴儿润肤油。抹上点。你的车不见了?"

"是的。我想他们是朝伊丽莎白港方向逃窜了。我得打电话报警。"

"打不了了。电话给砸烂了。"

她离开了他。他坐在床上等着。虽然在身上裹了条毯子,他继续哆嗦个没完。他的一只手腕肿了起来,一跳一跳地疼。他想不起这里是怎么伤到的。天已经开始黑了。整个下午好像眼睛一眨就过去了。

露西回来了。"他们把迷你巴士的轮胎都放了气,"她说,"我这就步行到埃廷格家去。时间不会很长。"她顿了顿,"戴维,在有人问起的时候,你能不能只讲你自己的事,讲在你身上发生了什么?"

他没明白什么意思。

"你只讲在你身上发生了什么,我讲在我身上发生了什么。"她又说了一遍。

"你这就不对了。"他的声音变得沙哑干涩。

"不,我没有。"她说。

"我的孩子,我的孩子!"他说着,向她伸出臂膀。见她并没有走上前来,他把毯子一掀,站起来,把她抱在怀里。在他的怀抱里,她像根电线杆一样僵硬,没有丝毫软化的迹象。

十二

埃廷格是个性情乖戾的老头,讲起英语来带有明显的德国口音。他妻子已经死了,他的孩子都回了德国,就他一个人留在非洲。他开了辆三升排量的皮卡过来,露西坐在他身边,他让引擎继续转着,等着他们。

"没错,我不论到哪儿都带着我的贝雷塔①。"他们刚开上前往格雷厄姆斯敦的公路,他就说道。他拍了拍屁股后面的手枪套。"最好的办法是自己救自己,因为警察是不会来救你的,不会再来救你了,这一点你无须怀疑。"

埃廷格是对的吗?他要是真有把枪的话,他能救得了露西吗?他表示怀疑。他要是真有把枪的话,他现在可能已经没命了,他和露西可能都没命了。

他的两只手,他注意到,一直在微微地哆嗦。露西把双臂环抱在胸前。是因为她也在哆嗦吗?

他本以为埃廷格这是要把他们送到警察局去。可结果

---

① 贝雷塔(Beretta),贝雷塔 92F 由意大利军火制造厂商"贝雷塔"生产,这家原本不太引人注目的公司因为这款手枪而声名远扬,在世界各国警察、军队、黑帮、土匪的竞相追捧下,"贝雷塔 92F"已经成了"半自动九毫米手枪"的代名词。

是露西跟他说把车往医院里开。

"是为了我还是为了你?"他问她。

"为了你。"

"警察难道不也想见见我吗?"

"你能告诉警察的,我也都能。"她回答道,"还是有我不知道的情况?"

来到医院,她大踏步走在前面,领他走进一扇写着**急诊室**的门,为他填好表格,让他在候诊室坐好。她看上去精力充沛、胸有成竹,而他,手上的哆嗦似乎已经蔓延到了整个身体。

"他们给你看完以后,就等在这儿,"她指示他,"我会回来接你的。"

"那你呢?"

她耸耸肩。如果她也在哆嗦的话,她可是一点都没表现出来。

他在两个大块头的姑娘之间找了个座位,她们可能是姐妹俩,其中一个抱着个呜呜咽咽的孩子,有个男人手上裹着血糊淋剌的纱布。他排在第十二号。墙上的钟指着五点四十五分。他闭上他那只好眼,马上就昏睡过去,在睡梦中那两姐妹仍继续在窃窃私语,chuchotantes①。等他睁开眼的时候,那只钟显示的仍是五点四十五分。是坏了吗?并没有:分针猛然一跳,指在了五点四十六分上。

两个小时过去了,才有一个护士来叫他,又等了一阵

---

① 法语:窃窃私语。

子,才轮到他去接受当班的那唯一一位医生的诊视,一个年轻的印度女人。

他头皮上的烧伤并不严重,她说,当然得注意别让它感染了。她花了更多时间检查他的眼睛。上眼皮和下眼皮都粘在了一起;分开的过程中疼痛难当。

"算你运气,"她在检查以后评论道,"眼睛本身并没有伤到。他们用的如果是汽油的话,那结果可就完全两样了。"

他出来的时候头上缠满了绷带,受伤的眼睛蒙了起来,手腕上缠了个冰袋。在候诊室里,他很意外地发现了比尔·肖。足足比他矮了一个头的比尔紧紧地抱住了他的肩膀。"可怕,真是太可怕了,"他说,"露西就在我们家。她本打算亲自来接你的,可贝芙绝对不允许。你觉得怎么样?"

"我没事。轻微烧伤,并不严重。很抱歉,我们搅得你们今天晚上都不得安生。"

"胡说!"比尔·肖道,"要不然还要朋友干吗?换了是你,也一样会这么做的。"

语气中并无讥讽之意,这几句话在他耳边萦绕,久久不去。比尔·肖真心相信,如果被人打了头、放了火的是他比尔·肖,那么他戴维·卢里同样也会开车来到医院,干坐在那儿——连份报纸都没得看——等着接他回家的。比尔·肖真心相信,就因为他和戴维·卢里曾经一起喝过一杯茶,戴维·卢里就成了他的朋友,他们俩相互之间就有了道义上的责任。比尔·肖的想法是对还是错呢?这位生在距此

131

不到两百公里远的汉基①、在一家五金店工作的比尔·肖，是因为对这个世界知之太少，所以都不知道世上还有并不乐意和人交朋友、对男人之间友谊的看法已经受到怀疑主义侵蚀的人吗？现代英语中的"朋友"(friend)一词是从古英语的"freond"和"freon"而来，而"freon"的意思是"爱"。在比尔·肖看来，难道喝那杯茶就等于确认了一种爱的契约吗？可要是没有比尔和贝芙·肖，没有老埃廷格，没有某种契约的存在，他现在又会在什么地方呢？在那已经毁掉了的农场上和砸烂的电话与死狗们在一起。

"这桩祸事太可怕了，"比尔·肖在汽车里又说了一遍，"穷凶极恶。在报纸上看看已经够糟糕的了，居然就发生在你认识的人身上，"——他摇了摇头——"那真是让你感同身受。就像是重新又经历了一遍战争。"

他没费神去回答。这一天还没有完，还在进行中。战争，穷凶极恶：每一个你想用来总结这一天的词汇，这一天都一口把它吞进了它黑暗的咽喉。

贝芙·肖在门口迎接他们。露西已经服了片镇静药躺下了，她宣称；最好不要去打搅她。

"她去报过警了吗？"

"报了，已经发布了寻找你那辆车的公告。"

"她看过医生了吗？"

"都处理过了。你怎么样？露西说你的烧伤挺严

---

① 汉基(Hankey)，东开普省克莱因(Klein)河与加姆图斯(Gamtoos)河交汇处的一个小镇。

132

重的。"

"我是有点烧伤,不过并没有看起来那么严重。"

"那你应该吃点东西,好好休息一下。"

"我不饿。"

她在他们家那巨大的老式铸铁浴缸里放满水。他在热腾腾的水里把苍白的身体伸展开,努力想放松下来。可当他泡完澡要出来的时候,他却滑了一下,差点摔倒:他就像个婴儿一样虚弱,而且头晕眼花。他不得不喊来比尔·肖,很不光彩地让他扶他从浴缸里出来,帮他擦干身体,帮他穿上借来的睡衣。后来他听到比尔和贝芙·肖压低嗓音在交谈,知道他们谈的就是他。

他从医院里带回来一管止痛药、一包烧伤敷料,还有一个铝质小玩意儿,可以撑在他的脑袋上。贝芙·肖把他安顿在一张散发着猫咪气味的沙发上;而出乎意料,他居然一下子就睡着了。夜半时分,他醒过来,头脑异常清醒。他有过一个幻觉:露西跟他说过话;她的话——"快来救我!"——仍旧在他耳边回响。在那个幻觉中,她站在一片白光里,两手伸出,湿湿的头发朝后面梳着。

他从沙发上起来,绊在一把椅子上,把它踢倒了。一盏□□了,贝芙·肖穿着睡衣站在他面前。"我一定得和露□□句话。"他嘟囔着;他满嘴发干,舌头很不灵便。

□□西房间的那扇门开了。露西完全不是他幻觉中所见的□□她的脸睡得有些浮肿,她正在系一件晨衣的带子,那件晨衣明显不是她的。

"对不起,我做了个梦。"他说。幻觉这个词突然间显得太过老式、太过怪异。"我还以为你在呼唤我。"

露西摇了摇头。"没有。睡觉去吧。"

她是对的,当然了。现在是凌晨三点钟。可他不由得注意到,这是一天当中她第二次像是对一个孩子——一个孩子或者是一个老人那样跟他说话。

他努力想继续睡,可怎么也睡不着。那肯定是那些药片的副作用,他告诉自己:不是幻觉,甚至不是梦境,只是一种化学性致幻。可是不管怎么说,那个白光中的女人形象仍旧停留在他面前。"救救我!"他女儿叫道,清楚、响亮而又急迫。是不是有这个可能:露西的灵魂当真离开了她的肉体,来到了他面前?是不是有这个可能:那些并不相信灵魂的人其实真的拥有灵魂,而且他们的灵魂还独立于他们而存活?

还有好几个钟头,太阳才会升起。他手腕疼痛,他双眼烧灼,他头皮酸胀而又敏感。他小心翼翼地打开灯,从沙发上起来。他把一条毯子裹在身上,推开露西的房门,走了进去。床边有把椅子;他在椅子上坐下。他的感觉告诉他,她是醒着的。

他这是在干吗?他是在照看他的小姑娘,保护她免受伤害,为她阻挡邪恶的幽灵。过了很长一段时间,他感觉到她开始放松下来。嘴唇张开的时候发出轻轻的吐气声,以及最为轻柔的鼾声。

第二天早上。贝芙·肖给他准备了麦片加红茶的早饭,然后就进了露西的房间。

134

"她怎么样？"她回来的时候他问。

贝芙·肖只是摇了摇头。这不关你的事，她像是在说。月经、分娩、强奸及其后果：都是跟流血有关的问题；一个女人的负担，女人们的禁地。

这不是第一次了，他怀疑女人如果生活在女性的群体当中，只在自愿的时候才接受男人的造访，她们会不会更加快乐一些。也许，他认为露西是同性恋其实是错了。也许她只是更喜欢和女性为伍。或者也许所谓的女同性恋本来就是这么回事：并不需要男人的女人。

也难怪她们会如此强烈地反对强奸了，她和海伦。强奸，是混乱和混合之神，是退隐独处的破坏者。强奸一个女同性恋比强奸一个处女还要恶劣：带来的打击更甚。他们知道他们都干了些什么吗，这几个男人？他们其实是明知故犯吗？

九点钟，在比尔·肖出去上班以后，他敲了敲露西的房门。她脸朝墙躺着。他挨着她坐下，摸了摸她的面颊。被泪水濡湿了。

"这种事不太容易启齿，"他说，"不过，你去看过医生了吗？"

她坐起来，擤了擤鼻子。"昨晚我去看了我的全科医生。"

"这位男医生什么病都能看吗？"

"是女的，"她说，"女医生，不是个男医生。不，"——说到这里，她的声音中出现了明显的怒气——"这怎么可能？一个医生怎么可能什么病都能看？有点常识好不好!"

他站起身。她要是成心这么大发脾气,那么他也可以奉陪。"对不起,我原不该问的,"他说,"我们今天有什么打算吗?"

"我们有什么打算? 返回农场,打扫战场。"

"然后呢?"

"然后就像以前一样继续生活。"

"在农场上?"

"当然啦。在农场上。"

"理智一点,露西。情况已经变了。我们不能在哪儿跌倒就在哪儿爬起来。"

"为什么不能?"

"因为这不是个好主意。因为这样不安全。"

"从来就没有安全过,而且这也不是个主意,不管是好还是坏。我不是为了个什么主意才打算回去的。我就是要回去。"

穿着借来的睡衣坐在床上,她在和他对峙,梗着脖子,瞪着眼睛。不是她父亲的小姑娘了,不再是了。

十三

他们出发前,他需要换一次敷料。在那间逼仄的小浴室里,贝芙·肖解开了他的绷带。一边的眼皮仍旧粘在一起,头皮上已经长出了水疱,不过受伤的程度并没有想象的那么严重。疼得最厉害的地方是他右耳的外缘:用那位年轻医生的话来说,这是他身上真正着了火的部位。

贝芙用一种灭菌溶液为他清洗了一遍头皮上暴露在外面的粉红色皮下组织,然后用镊子把那油乎乎的黄色敷料敷在上头。又轻手轻脚地在他眼皮和耳朵的褶层里涂上药膏。他想起动物诊所里的那只山羊,不知道在接受她的治疗时,是不是也感到同样的心平气静。

"好了。"她退后一步,终于说道。

他检视了一下镜子里的形象,头上一顶整洁的白帽子,一只眼睛被蒙了起来。"干干净净,整整齐齐。"他评论道,可是心里却想:活像个木乃伊。

他再次试图提起强奸的那个话题。"露西说她昨晚上去看了她的全科医生。"

"是的。"

"这有怀孕的危险,"他坚持不懈,"有感染性病的危险。有感染艾滋的危险。她不应该再去看看妇科吗?"

贝芙·肖很不自在地挪动了一下身体。"这你得去问露西本人。"

"我问过了。我跟她说不通。"

"那就再问一次。"

已经过了十一点,可露西仍没有露面的迹象。漫无目的地,他在园子里闲逛。心情无比灰暗。这还不光是因为他不知道自己到底该怎么办。昨天的事件使他受到了极度的惊吓。他不由自主的哆嗦、他的虚弱感只是那种惊吓最初而且最为表面的表现。他有种感觉,在他体内,一个极为重要的器官已经受到了伤害,受到了摧残——甚至也许就是他的心脏。他生平第一次尝到了身为一个老人到底是种什么滋味:疲惫到了骨子里,没有希望,没有欲望,对未来漠不关心。他瘫坐在一把塑料椅子上,置身于鸡毛和烂苹果的腐臭中,他感觉他对于这个世界的兴趣正一点一滴地从他体内流出来。他体内的血要彻底流干可能还要有几个星期、几个月的时间,可他确实是在流血。等血流干了以后,他就会像是蛛网上一只苍蝇的空壳,一碰就碎,比谷糠还轻,随时都可能飘走。

他不能指望露西帮他。耐心地、默默地,露西必须得依靠自己从黑暗重新走回到光明。在她完全恢复以前,他得担负起经管他们俩的日常生活的责任。可是这责任来得也太突然了。这是个他还没有准备的负担:农场、园子、养狗场。露西的将来,他的将来,那整块土地的将来——全都是无关紧要的,他想说;就让它们全都彻底完蛋好了,我不在乎。至于那几个加害他们的人,他希望他们倒大霉,不管他们到了哪儿,可是除此之外,他根本想都不愿意想到他们。

不过是种后遗症,他告诉自己,是那桩加害事件的后遗症。要不了多久,有机体就会自我修复,而我,那个有机体内的幽灵,也就依然故我了。可事实上,他知道,并非如此。他生活中的乐趣已经被扼杀了。就像溪流中的一片叶子,像微风中的一个肥皂泡,他已经开始向自己的结局漂去。这一点他看得很清楚,这使他满怀绝望(这个词总是挥之不去)。生命的血液正在离开他的身体,而绝望正在取代它们的位置,那像煤气一样无臭无味、没有营养的绝望。你把它吸进身体,你的四肢会松懈下来,你对一切都不再关心,就算是刀剑抵在你的咽喉。

门铃响了:两个年轻的警察身穿整洁的新制服,准备开始他们的调查了。露西从她的房间里出来,一脸的憔悴,还穿着昨天的那身衣服。她不想吃早饭。贝芙开车把他们送回农场,警察开着警车在后面跟着。

几只狗的尸体仍旧倒在原地。那只斗牛犬凯蒂也还在那儿转悠:他们瞥见她躲躲闪闪待在马厩附近,离他们远远的。彼得勒斯还是踪影全无。

进到房内,那两个警察把帽子摘下来,夹在腋下。他往后一站,让露西把决定要跟他们讲的前后的经过告诉他们。他们恭恭敬敬地听着,把她说的每个字都记了下来,钢笔在笔记本的纸页上神经质地飞快划动。他们跟她是同龄,对待她的态度却非常紧张,就仿佛她已经是个受了污染的生物,而且她受到的污染会跳到他们身上,把他们也弄脏一样。

他们是三个男人,她有条不紊地讲述道,或者说是两个男人和一个男孩。他们使用哄骗的手段进入房内,拿走了钱财(她列举了具体的财物)、衣服、一台电视机、一台 CD 播放机、一支来复枪以及弹药。在她父亲反抗的时候,他们殴打了他,往他全身浇上酒精,试图点火烧死他。然后他们开枪打死了那几只狗,开走了她父亲的汽车。她描述了那几个人的长相和他们的衣着;描述了那辆车的样貌。

在她讲述的过程中,露西一直紧盯着他,仿佛是从他身上汲取力量,要么就是警告他不要出言反驳她的话。在其中一位警官问她整个事件持续了多长时间的时候,她回答说:"二十分钟,半个钟头。"这不是实话,他知道,她也知道。时间要长得多。长到什么程度?长到那两个男人干完他们要对这位主妇所干的所有勾当。

尽管如此,他也并没有插嘴。无关紧要:他只是听着露西讲述她的故事。从昨晚开始就在记忆的边缘徘徊的词句,开始凝聚成形了。两个老太太被锁进卫生间 / 从礼拜一一直关到礼拜六 / 没人知道她们在里头。在他女儿被人强暴的时候,被锁在卫生间里。一首童年时期的歌谣浮现在脑海,嘲笑地指指点点。哦亲爱的,到底发生了什么事?露西的秘密;他的耻辱。

那两位警察小心翼翼地在屋里走了一遍,检查了一遍。没有血迹,没有掀翻的家具。厨房里的那一片混乱已经收拾干净了(是露西清理的?什么时候干的?)。在卫生间的门后有两根燃烧过的火柴梗,他们甚至都没注意到。

在露西的房间里,那张双人床被剥得干干净净。犯罪现场,他心下暗道;而那两个警察就像是读懂了他的想法似的,只当是没看见,继续进行下面的检查。

冬日上午一幢安静的房子,不多,不少。

"一位刑警会来提取指纹,"他们走的时候说,"尽量别碰任何东西。要是想起他们还拿走了什么,就往警察局给我们打个电话。"

他们刚走,修电话的就上了门,然后老埃廷格也来了。说起不见了影踪的彼得勒斯,埃廷格阴郁地评论道:"这些家伙你谁都不能信任。"他会派个小厮①来,他说,把那辆迷你巴士给修好。

在过去,他见过露西因为有人使用小厮这种称呼而火冒三丈。而现在,她一点反应都没有。

他把埃廷格送到门口。

"可怜的露西,"埃廷格说道,"她肯定是非常不好受。不过,这还不算是最糟的。"

"是吗?还有可能更糟?"

"幸好他们没把她带走。"

他一下子打了个愣怔。还真不是个傻子,这个埃廷格。

终于只剩下他们爷俩了。"我会去把狗埋了,你只需告诉我埋在哪里,"他主动道,"你打算怎么跟狗主人说呢?"

---

① 小厮(boy),在具有种族隔离历史的南非,常为白人对非白人仆佣的称呼。

"实话实说。"

"你的保险包括这一块吗？"

"我不知道。我不知道保险是不是赔付血腥的屠杀。我得去问个清楚。"

一阵沉默。"你为什么不把所有的情况都讲出来，露西？"

"我已经讲了所有的情况。所有的情况就是我讲的那些。"

他表示怀疑地摇了摇头。"我确信你有自己的理由，可是如果放在更宽泛的语境中，你确信这是最好的办法吗？"

她没有回答，他也不想去逼她，至少这时候。可是他的思绪转向了那三个闯入者，那三个侵略者身上，这几个人他可能永远都不会再见到他们了，然而却已经永远都成为他人生的一部分，成为他女儿人生的一部分。那几个人会留心看报纸上的报道，留神听小道传闻。他们会看到他们是因为抢劫和殴打他人而被追捕，再无其他的罪名。他们会渐渐明白，沉默已经像是毯子一样盖在了那个女人身上。羞耻得无地自容，他们会相互这么说，羞耻得都不敢讲出来，他们会没完没了地讪笑不已，会反反复复地夸耀他们的功绩。露西当真准备将这样的胜利拱手奉上吗？

他在露西跟他说的地方挖了个坑，就在靠近农场边界的位置。一座埋葬六只成年的大狗的坟墓：虽然最近刚犁过地，他还是花了将近一个小时才算完成，而且挖好了坑以后他脊背酸痛、胳膊酸痛，手腕又疼了起来。他把狗的尸体堆在一辆手推车上。那只喉咙上有个洞的狗仍然龇着它血淋淋的牙齿。就像是在桶里面开枪杀鱼，他想。在一个狗被培养得只是闻到黑人的气味就会咆哮的国家里，他们这么做可能既可鄙，然而又令人兴奋。这一下午的工作令人备感满足、无比陶醉，就像所有的复仇一样。他一只只地把狗的尸体推到坑里去，然后填上土。

回屋以后，他发现露西正在她用作储藏室的那个散发着霉味的小餐具室里铺设一张行军床。

"这是给谁铺的?"他问。

"给我自己。"

"那个空着的房间干吗不用?"

"天花板都没了。"

"后面的那间大屋子呢?"

"冰箱的声音太吵人了。"

不是实话。后屋里的那台冰箱几乎没什么动静。是因为冰箱里装的东西，露西才不愿意睡在那儿的:用来喂狗的下水、骨头、碎肉，已经用不上了。

"睡我那间，"他说，"我睡这儿。"他马上就开始把他的东西往外搬。

可他当真想搬进这个牢房里——一个角落里堆着装空罐头瓶的箱子，只有一个朝南的小窗户? 如果说强暴露西的那几个人的鬼魂仍在她的卧室里游荡，那就该把它们驱逐出去，绝不允许它们仍旧把这里当作它们的密室。于是他就带着自己的东西搬进了露西的房间。

夜幕降临了。他们并不饿，但还是吃了饭。吃饭是一种仪式,而仪式会使生活变得更加容易。

他尽可能用最为温和的语气,再次提出了那个问题。"露西,我最亲爱的,你为什么不想说呢?那是桩罪行。不幸而成为一桩罪行的受害者,这没有任何可以感到羞耻的。你并没有自己选择成为那个受害者。你是清白无辜的那一方。"

坐在桌子对面的露西深吸了一口气,打起精神,然后又把那口气呼了出来,摇了摇头。

"我能猜一下吗?"他道,"你是想提醒我什么事吗?"

"我想提醒你什么事?"

"女人在男人手里会有什么样的遭遇。"

"我根本就没这么想。这件事跟你没关系,戴维。你想知道我为什么没有向警察提出这一特别的指控。我来告诉你,只要你同意以后再也不提这个茬了。其原因就是,在我看来,发生在我身上的纯属个人私事。换个时间,换个地方,它也许被当作一个公共事件。可在这个地方,在此时此刻,它不是。这是我的事,是我一个人的私事。"

"这个地方是什么地方?"

"这个地方就是南非。"

"我不同意。我不同意你现在的做法。你以为你只要逆来顺受,你就可以和埃廷格这样的农场主划清界限了?你认为你在这里的遭遇是一场考试:只要你通过了,你就能得到一张通往未来的毕业证书和安全通行证,或者一个可以漆在门楣上的符咒,可以使瘟疫与你擦肩而过?复仇不是这样运作的,露西。复仇就像是一团火。它吞噬得越多,它就越饥渴。"

"别说了,戴维! 我不想听这种瘟疫、火焰的空谈。我不只是想保全自己。如果你就是这么想的,那你真是完全不得要领。"

"那就帮我抓住要领。这是你在尝试找寻的某种形式的个体的救赎吗? 你是希望通过承受现在的苦难,就能补偿过去的罪愆吗?"

"不。你一直都是在误解我。罪过和救赎都是抽象的概念。我是不会按照抽象概念来行事的。除非你努力看清楚这一点,否则我怎么也帮不了你。"

他想要回应,可她打断了他。"戴维,我们说好了的。我不想再继续这样的交谈了。"

他们两人之间的距离从来没有如此遥远,从来没有如此意见相左。他大为震惊。

十四

新的一天。埃廷格打来电话，主动提出可以"暂时"借
给他们一把枪。"谢谢，"他回答，"我们会考虑的。"

他找出露西的工具来，尽其所能把厨房的门修理了一
下。他们应该安装铁栅栏、防盗门和围墙，就像埃廷格的做
法一样。他们应该把这幢农舍变成一个堡垒。露西应该去
买一把手枪和一个收发两用的无线电设备，并且要去上射
击课。可是她会同意这么做吗？她在这儿是因为她爱这片
土地以及这种旧式的、ländliche①的生活方式。如果这种
生活方式已经是劫数难逃，她还剩下什么可以去爱的呢？

凯蒂终于被他们哄出了她藏身的地方，在厨房里安顿
下来。她俯首帖耳、畏首畏尾，到哪儿都跟着露西，左右不
离她的脚后跟。生活每时每刻都跟以前不一样了。整幢房
子都感觉疏离陌生，遭到了亵渎；他们不断地处在戒备状
态，小心倾听着各种声响。

彼得勒斯倒是在这个时候回来了。一辆旧卡车沿着凹
凸不平的车道吱吱嘎嘎地开过来，停在马厩旁边。彼得勒

---

① 德语：乡村的。

斯从驾驶室里走出来,穿了一身对他来说太紧的正装,后面跟着他妻子和司机。从卡车的车斗里,这两个男人卸下来一些纸板箱、涂过防腐油的撑竿、一张张白铁皮、一捆塑料管材,最后,经过一阵喧嚣与骚动以后,还卸下来两只半大绵羊,彼得勒斯把它们拴到了一根栅栏的柱子上。那辆卡车绕着马厩转了个大圈子,然后轰隆隆地沿着车道开走了。彼得勒斯和他妻子进了马厩。石棉管道做的烟囱里开始冒出一缕缕青烟。

他继续观察。过了一会儿,彼得勒斯的妻子走了出来,两只胳膊猛力而又轻松地一甩,倒空了一只泔水桶。真是个健美的女人,他不禁暗自想道,身上一条长裙、头上裹头布缠得高高耸起,乡下风尚。一个健美的女人、一个幸运的男人。可是他们这是到哪儿去了呢?

"彼得勒斯回来了,"他告诉露西,"带了一大堆建筑材料。"

"很好。"

"此前他为什么没告诉你他要离开农场呢?你不觉得他恰好在这个时候消失不见有些可疑吗?"

"我不能支使彼得勒斯。他是他自己的主人。"

前言不搭后语,不过他没有深究。他已经决定,对于露西的所作所为一概不予深究,暂且如此。

露西把自己封闭了起来,脸上没有表情,对她周围的一切没有任何兴趣。是他,对于农活极为无知的他,在负责把鸭子从鸭棚里放出来,控制着水闸开闭系统,把水引到园子里以免那里的作物干枯而死。露西一个小时接一个小时地躺在床上，呆呆地凝视前方，要么就是看旧杂志，那些旧杂志她像是有无限的储备。她急不可耐地迅速翻看，就像是在寻找某样找不到的东西。而那本《德鲁德疑案》他却再没有看见。

他暗中留心，发现彼得勒斯去了水坝那里，穿着一身工作服。这个人到现在都没跟露西汇报一声，实在有些奇怪。他溜达过去，两人寒暄了两句。"你一定已经听说了，星期三你不在这儿的时候，我们被人抢了个一干二净。"

"是的，"彼得勒斯道，"我听说了。太糟糕了，真是糟糕透了。不过你们现在都还好。"

是他还好？还是露西还好？彼得勒斯这是在问他吗？听起来不像是在问他，可他又不能把它理解成别的意思，否则就有些失礼了。可问题就在于，到底该怎么回答呢？

"我还活着，"他说，"只要是一个人还活着，他就算是还好，我想。所以没错，我算是还好。"他停下话头，等了等，允许一段沉默延续下去，这段沉默应该由彼得勒斯以下一个问题来打破：那么露西还好吗？

他错了。"露西明天去不去集市？"彼得勒斯问道。

"我不知道。"

"因为她要是不去的话，她那个摊位就保不住了，"彼得勒斯道，"有这个可能。"

"彼得勒斯想知道你明天去不去集市，"他转告露西，"他担心你的摊位可能不保。"

"你们俩干吗不去呢，"她说。"我不太想去。"

"你肯定吗？漏掉一个星期不去可是件憾事。"

她没回答。她宁肯躲起来不见人，他也知道这是为什么。是因为耻辱。因为羞耻。这就是那帮强盗取得的成就；这就是他们对这位充满自信的现代女性造成的后果。这个故事会像是一个污点一样在这个地区传播开来。传播开来的不是她的故事，而是他们的：他们是这个故事的拥有者。他们是如何让她认清自己的位置，他们是如何告诉她一个女人生来应该是干什么的。

只剩一只独眼，头上戴着防护帽，他也很不情愿在公开场合露面。可为了露西的缘故，他还是去了集市，在摊位上坐在彼得勒斯身边，忍受着好奇的目光，礼貌地回应露西那些向他表示慰问的朋友。"是的，我们失去了一辆汽车，"他说，"还有那些狗，当然了，只剩下一只。不，我女儿挺好的，只是今天感觉不太舒服。不，我们并不抱多大希望，警方的力量也实在是捉襟见肘，我想你肯定也很清楚。好的，我一定向她转达。"

他看了《先驱报》①上对他们这件事的报道。把那些人称为不明身份的施暴者。"三名不明身份的施暴者袭击了居住在萨勒姆镇郊外一处小农场上的露西·卢里女士和她年迈的父亲，偷窃了衣物、电器和枪支。意想不到的是，劫匪还射杀了六只看家狗，乘一辆一九九三年的丰田卡罗拉逃逸，车牌号为 CA507644。卢里先生在袭击中受了轻伤，

---

① 《先驱报》(*The Herald*)，南非历史最为悠久的报纸，创刊于一八四五年五月七日，总部位于东开普省维多利亚湾。

在殖民者医院①接受治疗后现已获准出院。"

他很高兴报道中并没有把卢里女士年迈的父亲与自然派诗人威廉·华兹华斯的门徒、不久前还是开普技术大学教授的戴维·卢里联系起来。

至于实际的买卖,几乎没什么需要他去做的。麻利而又高效地将货品摆放出来的是彼得勒斯,清楚每样货物的价钱、收钱和找零的也是彼得勒斯。真正干活的是彼得勒斯,他只是坐在一旁暖一暖手。就像从前一样:baas en Klaas②。除了他不会再擅自对彼得勒斯发号施令。彼得勒斯自然会去做需要他去做的那些事,就这么回事。

不管怎么说,他们的收入还是少了:还不到三百兰特。原因就是露西没来,这是毫无疑问的。一盒盒的鲜花、一袋袋的蔬菜都得重新再搬回到那辆迷你巴士上。彼得勒斯摇了摇头。"不好。"他说。

对于他那天为什么不在,彼得勒斯至今仍没有给出任何解释。彼得勒斯有来去自由的权利,他这就是在行使他的这种权利;他也拥有保持沉默的权利。可问题仍然存在。彼得勒斯知道那几个陌生人是谁吗?是因为彼得勒斯透露出来的某些话,他们才把露西而不是,比如说埃廷格,选定为他们的目标的吗?彼得勒斯事先知道他们的打算吗?

要是在过去,为此你就可以跟彼得勒斯彻底摊牌。

---

① 殖民者医院(Settlers Hospital),东开普省格雷厄姆斯敦一家省立地区性医院。

② 荷兰语:主人与克拉斯。克拉斯是一个极为传统和普通的荷兰男性教名和姓氏,在这儿用作仆人的通称,意为"主与仆"。

在过去,你就可以大发雷霆地跟他彻底摊牌,让他卷铺盖滚蛋,再雇个人顶他的缺。可是尽管露西付给彼得勒斯一笔工资,严格地说来彼得勒斯却不再是雇工了。严格说来,很难界定彼得勒斯到底是干什么的。不过,那个用在他身上最合适的词可能是邻居。彼得勒斯是个目前碰巧出卖自己劳动力的邻居,因为这正适合他的现状。他依照合同——不成文的合同——来出卖劳动力,而那个合同中并没有一旦对他产生了怀疑就可以将其解雇的条文规定。他、露西和彼得勒斯都生活在一个新世界里。彼得勒斯知道这一点,他知道这一点,而彼得勒斯也知道他知道这一点。

尽管如此,他和彼得勒斯待在一起还是感觉很自在,甚至准备——虽然是有些谨慎戒备地——开始喜欢他。彼得勒斯跟他属于同一代人。彼得勒斯无疑有非常多的经历,他无疑是有人生的故事可以讲述的。他不介意有朝一日听听彼得勒斯的故事。可是最好不要用英语来讲。他越来越相信,要讲述南非的真相,英语不是个合适的媒介。英语代码的过度使用早已使它们整个的句子都变得滞重模糊,失去了它们的清楚、真切和明晰。就像一只奄奄一息而且陷入泥潭的恐龙,这门语言已经僵死了。将彼得勒斯的故事硬塞进英语的模子,出来的结果只会是关节肿痛、老气横秋。

彼得勒斯吸引他的是他的脸,他的脸和他的手。如果世上真有诚实的苦工这种物种存在的话,那么彼得勒斯就是这样的样本。一个有耐心、有干劲、有韧性的人。一个农民,一个 paysan①,一个乡下人。一个密谋者、一个阴谋家,无疑也是个骗子手,就像任何一个地方的农民一样。诚实地苦干外加诚实地狡诈。

对于彼得勒斯长远看来能有什么样的作为,他有自己的疑心。彼得勒斯不会满足于永远耕种他那一公顷半的土地。露西可能会比她那些嬉皮、吉卜赛的朋友更能耐久,不过在彼得勒斯眼里,露西仍旧是小打小闹:一个业余爱好者,一个痴迷于乡村生活的人,而不是个农人。彼得勒斯会很想接管露西的土地。然后他会想把埃廷格的也弄过来,或者至少弄到一部分,大到可以让他养一群牲畜。埃廷格会是块更难啃的硬骨头。露西只是个过客;埃廷格却是另一个农民,一个土地之子,坚韧顽强,eingewurzelt②。可埃廷格总有一天会死的,而且埃廷格的独子已经逃离了这里。在这方面埃廷格就殊为不智。一个好的农民总是要千方百计多生几个儿子的。

在彼得勒斯对于未来的展望中,是没有露西这样的人的位置的。但这也并不意味着一定要把彼得勒斯当作自己的敌人。乡村生活中的一个方面一直就是邻里间相互勾心斗角,算计对方,希望对方的田里出现病虫害,希望对方庄稼歉收、财政破产,不过要真是遇上了什么危难,也随时都准备施以援手。

最糟糕,也是最悲观的解释将是:是彼得勒斯雇用这三

---

① 法语:农夫。
② 德语:根深蒂固。

个人来给露西一个教训的，他们的抢劫所得就算是他们的好处费。可他无法相信这一点，这样就太简单化了。事实的真相，他猜测，应该是更为——他四处寻找那个恰当的词语——人类学意义上的，要弄清这个意义上的真相，你得花费几个月的时间，耐心地、从容不迫地跟几十个人交心深谈，还得需要进行很多翻译的工作。

另一方面，他又的确相信彼得勒斯对于即将发生的事情多少是知情的；他的确认为彼得勒斯本来是能够给露西提个醒的。正是为此，他才不愿意放过这件事。正是为此，他才会继续揪住彼得勒斯不放。

彼得勒斯已经把混凝土蓄水坝里的水放干了，正在清除里面的水藻。这活儿干起来不轻省。不过他还是主动帮他一起干。他把脚硬挤进露西的橡胶靴里，爬进坝里去，小心地在溜滑的坝底迈着步。有一阵子，他和彼得勒斯齐心协力，又掏又挖，把淤泥铲到外面去。然后他突然把手里的活儿停了下来。

"你知道吗，彼得勒斯，"他说，"我发现我很难相信到这儿来的那几个人是陌生人。我发现我很难相信他们是突然从天上掉下来的，干尽坏事以后又像是幽灵一样消失得无影无踪了。而且我发现我很相信他们之所以挑上我们，只是因为我们是他们那天碰巧遇上的第一个白人家庭。你是怎么想的？我错了吗？"

彼得勒斯抽的是烟斗，那种烟斗柄弯曲的老式烟斗，烟锅上面有个银质的小锅盖。现在他直起腰板，从工作服的口袋里摸出烟斗，打开锅盖，把烟锅里的烟丝压压紧，烟没点上就吸了两口。他若有所思地望着坝壁,望着周围的小山,望着开阔的乡野。他的表情非常平静。

"警察一定会找到他们的,"他最后道,"警察一定会找到他们,把他们关进监狱的。警察就是干这个的。"

"可要是没人帮忙的话,警察也找不到他们。那几个人知道林业站的情况。我确信他们对露西是有所了解的。他们要真是从没来过这个地区的陌生人的话,又怎么会知道这些的?"

彼得勒斯有意没把他最后这句话当成一个问句。他把烟斗放回到衣袋里,把手里的铁锹换成了扫帚。

"这不是桩简单的盗窃,彼得勒斯,"他坚持道,"他们来这儿不光是为了偷东西。他们来这儿不光是把我弄成这个样子。"他碰了碰那绷带,碰了碰他的眼罩,"他们来这儿是另有所图。你知道我是什么意思,就算你不知道,你肯定也能猜得出。他们在干出这样的事来以后,你怎么还能指望露西仍旧像以前那样继续她的生活呢?我是露西的父亲。我希望那些人被抓到,受到审判和惩罚。我错了吗?我想要正义得到伸张,错了吗?"

现在,他才不管怎么才能从彼得勒斯的嘴里掏出那些话来,只要能听到它们就行。

"不,你没错。"

一阵怒火涌遍他的全身,强烈得让他吃了一惊。他抄起铁锹,从坝底铲了满满一锹淤泥和水藻,往肩膀顶上猛地一抛,抛到水坝外面去了。你这是在煽动自己的怒火,他告诫自己:不要这样!可这时候,他真想扑上去一把掐住彼得勒斯的脖子。遭难的如果不是我的女儿而是你的老婆,他真想这么对彼得勒斯说,你就不会敲着你的烟斗,仔细掂量着你说出来的每个字眼了。强暴:这就是他想逼迫彼得勒斯说出来的那个字眼。没错,那就是强暴,他想听彼得勒斯这么说;是的,那就是暴行。

在沉默中,他和彼得勒斯肩并肩一起完成了这项工作。

他在农场的日子就是这样度过的。他帮彼得勒斯清理灌溉系统。他使农场的园子不至于荒废。他为运去集市的农产品打包。他去动物诊所给贝芙·肖打下手。他扫地、做饭,做所有露西不再做的事情。他从黎明一直忙到黄昏。

他的眼睛痊愈的速度快得惊人:只过了一个礼拜,他就能用它看东西了。倒是烧伤花的时间更长。他头上一直都戴着防护帽,耳朵上裹着绷带。解开绷带以后,那只耳朵粉嘟嘟的,活像是某种剥了壳的软体动物:他不知道什么时候他才有勇气把它暴露在其他人的目光中。

他买了顶帽子来遮挡太阳,在一定程度上也把自己的脸给藏起来。他尽力习惯于看起来显得很奇怪这一事实——比奇怪更糟糕,是看起来令人反感:就像在大街上小孩子总会伸长脖子看个没完的那种丑八怪。"那个人看起来怎么那么滑稽?"他们会问自己的母亲,而做母亲的则会赶紧让他们噤声。

他尽量少去萨勒姆镇的商店,只在礼拜六才去格雷厄姆斯敦。突然之间他成了个隐士,一个乡下隐士。浪游的终结。虽然他的内心依旧充满爱意,月亮依旧明亮如昔。谁能想到会这么快而且这么突然就完结了呢:那浪游,那爱情!

他没理由相信,他们的不幸已经在开普敦的熟人圈子里流传开来。但他还是想要确保罗莎琳德听说这件事的时候绝不能走样。他两次给她打电话都没打通。第三次,他打到了她工作的那家旅行社。罗莎琳德在马达加斯加,人家告诉他,在那儿考察旅行线路;对方给了他塔那那利佛①一家旅馆的传真号码。

他起了份稿子:"露西和我倒了一次霉。我的车被偷了,还打了起来,我挨了几下。并不严重——我们俩都还好,只是受到些惊吓。我觉得还是跟你说一声,以免你听信什么谣传。相信你正过得很开心。"他把稿子拿给露西,征求她的同意,然后交给贝芙·肖请她发出去。致身处最黑暗之非洲的罗莎琳德。

露西没有任何起色。她整晚不睡觉,说她睡不着;然后他又老在下午发现她在沙发上睡着了,大拇指含在嘴里,就像个孩子一样。她已经失去了对食物的兴趣:他反倒成了那个哄她吃东西的人,还总是得想方设法做些不常见的菜式,因为她对肉食碰都不碰。

他到这儿来可不是为了这个——深陷于穷乡僻壤,抵挡邪魔,看护女儿,照料濒死的家业。如果说他来这儿确有什么目的的话,那也是为了休养生息,重整旗鼓。而现在,他却正一天天地失去自我。

那些邪魔也并没有放过他。他自己也经常做噩梦,梦

①　塔那那利佛(Antananarivo),马达加斯加的首都。

里他泡在一张浸满鲜血的床上，要么就上气不接下气，无声地喊叫着，逃离一个长着鹰隼面孔之人的追索，那人就像戴着个贝宁面具，就像是透特①。有天夜里，他在一半梦游、一半精神错乱的情况下把自己床上的床具剥得干干净净，甚至把床垫都给翻了过来，到处寻找血迹。

还有关于拜伦的写作计划。他从开普敦带来的书只剩下两卷书信——其余的都在被偷的那辆车的后备厢里。格雷厄姆斯敦的公共图书馆除了拜伦的诗集以外，找不到任何需要的参考书。可他还需要继续阅读吗？对于拜伦和他的朋友是如何在老拉文纳打发时间的，还有什么是他不知道的吗？时至今日，难道他还是不能创作出一个真实的拜伦形象，以及一个真实的特蕾莎吗？

如果实话实说的话，这几个月来他一直都在有意拖延：那个他必须面对空白的稿纸，写下第一个音符，看他到底能写出什么样的东西来的时刻。那恋人间的二重唱、那歌词、女高音和男高音的片段，已经深深地刻在他的脑海中，就像两条蛇一样无声地相互缠绕又各奔东西。那没有高潮的旋律；爬行动物的鳞片在大理石楼梯上摩擦产生的窸窣声；还有在背景中勃勃跳动的，那含垢忍辱的丈夫的男中音。难道这将成为那黑暗的三角恋终于被赋予生命的所在吗：不是在开普敦，而是在老卡弗拉里亚②？

————————

① 透特（Thoth），埃及神话中的月神，诸神的文书，知识与艺术的保护神，其形象为鹮头人身或狒狒头人身。

② 卡弗拉里亚（Kaffraria），葡萄牙人和英国人对非洲东南海岸所有殖民地的统称。

十五

　　那两只小羊整天都被拴在马厩旁边一块光秃秃的地上。它们那咩咩的叫声，平稳而又单调，已经开始让他觉得心烦了。他去找彼得勒斯，彼得勒斯把他那辆自行车倒放在地上，在上面忙活着。"那两只羊，"他说——"你不觉得把它们拴在能吃到草的地方更好吗？"

　　"它们是为了派对买的，"彼得勒斯道，"礼拜六我就把它们宰了开派对。你和露西一定得来。"他把手擦干净，"我邀请你和露西来参加我的派对。"

　　"礼拜六？"

　　"是的，礼拜六我要举行一个派对。一个大型派对。"

　　"谢谢你。不过就算那两只羊是杀来开派对的，你不觉得也可以让它们吃点草吗？"

　　一个钟头以后，那两只羊仍旧拴在那儿，仍旧悲哀地咩咩叫个不停。彼得勒斯却哪儿也见不到了。恼怒之下，他把它们解开，拉着它们去了水坝边上，那儿有的是草可以吃。

　　那两只羊尽情地喝饱了水，然后就悠闲地开始吃起草来。它们是黑脸的波斯羊，一样的大小，一样的斑纹，就连动作都一样。是双胞胎，十有八九，打出生起就注定了要被送到屠户的刀下。唉，这也没什么大不了的。一只羊什么时候活到过老死？羊并不能主宰自身，并不能主宰自己的生命。它们之存在就是要为人所用，它们的每一盎司无不为此，它们的肉是给人吃的，它们的骨头要被粉碎后给家禽做饲料。什么都逃不过，也许只有那副苦胆除外，那是没人会吃的。笛卡儿应该想到这一点的。灵魂停留在黑暗、苦涩的胆汁中，躲藏着。①

"彼得勒斯邀请我们去参加一个派对，"他告诉露西，"他为什么要举行一个派对？"

"是因为土地转让办妥了吧，我猜想。下个月的第一天开始就正式生效了。对他来说这是个大日子。我们至少应该出现一下，给他们带件礼物。"

"他打算宰两只羊。我觉得就两只羊恐怕不够搞一次派对的吧。"

"彼得勒斯是个吝啬鬼。要是放在以前，那就得宰一头牛了。"

"我恐怕不大喜欢他做事的方式——把要宰杀的牲畜带回家里，让那些就要吃它们的人认识它们。"

"你觉得最好该怎么办？在屠宰场里宰杀牲畜，这样你就不用去想它了？"

"是的。"

---

① 人的身体与灵魂的关系问题是笛卡儿及以后的笛卡儿学派着力探讨的主要对象之一。

"醒醒吧,戴维。这是在乡下。这是在非洲。"

露西现在一开口总带有一种他觉得毫无来由的没好气。他惯常的反应就是退回到沉默当中。已经颇有一段时间,他们俩虽住在同一幢房子里却又形同陌路。

他暗暗告诫自己一定要有耐心,露西仍旧生活在那次暴行的阴影中,还需要有段时间她才能恢复原样。可是如果他错了呢?如果在经过那样的一次暴行之后,一个人永远都不能复原了,可该怎么办?如果那样的一次暴行已经把一个人整个变成了一个完全不同、无比悲观的人,那该怎么办?

对于露西的喜怒无常,还有一种更为不祥的解释,他没法把这个念头完全抛开。"露西,"就在那一天,他突然间把他的这个心病说了出来,"你没有什么瞒着我的吧?你没从那几个男人那儿过上什么毛病吧?"

她穿着晨衣和睡裤正坐在沙发上逗那只猫玩。已经过了中午。那只猫很年轻,很机警活泼。露西在它面前摇晃着晨衣的腰带。小猫朝腰带扑过去,飞快地伸出爪子轻轻地拍击,一、二、三、四。

"男人?"她说,"哪几个男人?"她把腰带往一边一甩;小猫随即扑到。

哪几个男人?他的心猛地一沉。她是失心疯了吗?她是拒绝想起吗?

不过看来她只是在逗他玩。"戴维,我不是个孩子了。我已经看了医生,我已经做了各种检测,所有应该做的,我已经都做了。现在我只能等待了。"

"我明白了。你说等待的意思,等的是我理解的意思没错吧?"

"是的。"

"要等多久?"

她耸耸肩膀。"一个月。三个月。也许更久。科学还没有为你到底得等多长时间确定一个期限。永远等下去,也未可知。"

那只猫朝腰带突然猛扑过去,可是游戏现在已经结束了。

他挨着女儿坐下;那只猫从沙发上跳下去,高视阔步地走了。他拉起她一只手。现在他离她很近,鼻子里闻到一股子因久不洗澡而造成的陈腐、不清洁的气味。"至少不用永远等下去,我最亲爱的,"他说,"至少这一点是可以确定的。"

那两只羊在水坝边他拴着它们的地方度过了剩余的这半天。第二天早上,它们又回到了马厩边那块光秃秃的地上。

到礼拜六早上,它们大概还有两天的时间。生命中最后的两天就这样度过,似乎实在有些悲惨。乡下的方式——露西是这么称呼这类事情的。他可是有其他的描述方式:漠不关心、铁石心肠。如果说乡下能臧否城市,那么城市也同样可以臧否乡下。

他动过从彼得勒斯那里把那两只羊买下来的念头。可那又能达到什么目的呢?彼得勒斯只会用那笔钱去买新的动物来宰杀,还能赚个差价。再者说,在他把那两只羊从奴役状态中解救出来以后,他又该拿它们怎么办呢?把它们牵到公路上去放生?把它们圈在狗笼子里,喂它们干草?

在他自己和那两只波斯羊之间似乎已经产生了某种特殊的联系,他也不知道这是怎么产生的。这种联系并不是一种喜欢。甚至并不是和具体的这两只羊,要是放在田间地头的一大群羊里面,他都认不出这两只羊来。尽管如此,突然之间,而且没有任何理由地,它们的命运对他而言已经变得非常重要了。

他站在它们面前,在阳光下,等着他头脑中的嗡嗡声沉静下来,等着一个神启出现。

有一只苍蝇试图钻进其中一只羊的耳朵里。那只耳朵抽动了一下。那只苍蝇飞起来,转了几个圈,又落回来。那只耳朵再次抽动了一下。

他朝前一步。那只羊不安地后退,直退到绳索的尽头。

他想起贝芙·肖是如何安抚那只阴囊破裂的老雄山羊的:用鼻子去蹭他,抚摸他,安慰他,融入他的生命中。她是怎么做到的,能够和动物沟通交融的?某种他所没有掌握的窍门。也许,你得成为某种特别的人才能做得到,得成为一个更为单纯的人。

阳光以其所有春天的光辉倾泻在他脸上。我得改变一下了吗?他暗想。我得变成像贝芙·肖那样的人吗?

他和露西说起自己的想法。"我一直在考虑彼得勒斯的那个派对。总的说来,我宁愿还是不要去。有没有可能不去而又不显得失礼呢?"

"是和他要宰杀的那两只羊有关吗?"

"是。又不是。我并没有改变我的想法,如果你是这个意思。我仍旧不认为动物有其真正意义上的个体生命可言。在它们当中,哪个应该活下去,哪个一定得死,对我来说,并没有什么值得大为苦恼的地方。不过……"

"不过?"

"不过,具体到这件事,我却备感困扰。我也不知道是什么原因。"

"可是,彼得勒斯和他的客人们才不会出于尊重你和你敏锐的情感,就放弃他们的羊排呢。"

"我并没有这样的奢望。我只是宁肯不要成为这群人当中的一员,至少是这一次。很抱歉。我从没有想到我最终竟会以这样的方式来讲话。"

"上帝的行止神秘难测,戴维。"

"别取笑我。"

礼拜六赫然逼近了,赶集的日子。"我们还摆不摆摊?"他问露西。她耸耸肩。"你来决定吧。"她说。他没去摆摊。

他没对她的决定表示疑问;事实上他长出了一口气。

礼拜六中午,五六个人高马大的女人来到彼得勒斯家,他庆典的准备工作也正式开启。在他看来,那些女人都一身盛装,就像去教堂一样;她们在马厩背后生起一堆火。很快就随风飘来了煮内脏的臭气,他由此推断,那桩恶行已经完成了,那桩双份的恶行,一切都结束了。

他应该哀悼它们吗？为那些自己都不会哀悼自己的生物之死而哀悼，合适吗？他扪心自问，仅能发现一点模糊的忧伤。

太近了，他想：我们和彼得勒斯住得太近了。这就像是和一些陌生人分享一幢房子一样，分享各种声音、分享各种气味。

他敲了敲露西的房门。"你想出去走走吗？"他问她。

"谢谢，可我不想去。带上凯蒂吧。"

他带上了那只斗牛犬，可她走得如此迟缓，如此闷闷不乐，他火往上撞，把她撵回到农场，独自一人朝一条八公里的环道走去，走得很快，想把自己累到筋疲力尽。

五点钟，客人们开始抵达，有开车的，有坐出租车的，有步行前来的。他透过厨房的窗帘仔细观瞧。大部分客人都是派对主人的同代人，古板而又结实。有一位老妇人的到来尤其引起了一阵骚动：彼得勒斯穿着他那身蓝色正装和一件俗艳的粉色衬衫，一路走过门前的那条小径前去迎接她。

天都黑了，年轻的客人都还没有露面。微风中隐隐传来谈话、欢笑和音乐的声音，那音乐使他想起自己年轻时代的约翰内斯堡。也还可以容忍，他暗自思忖——甚至还挺让人愉快的。

"时候到了，"露西道，"你去吗？"

异乎寻常地，她穿了条及膝的裙子，脚上一双高跟鞋，戴了一条用着色的木头珠子穿成的项链和与之相配的耳环。他不太确定他喜欢这样的效果。

"好吧，我去。我准备好了。"

"你已经没有正装了？"

"是的。"

"那至少系上条领带吧。"

"我还以为我们是在乡下呢。"

"那就更有理由得盛装打扮了。这在彼得勒斯的一生当中可是个大日子。"

她带了支小手电。他们沿着小路朝彼得勒斯的家走去，父女俩手挽着手，她照着路，他拿着他们的礼物。

来到敞开的大门前，他们停下来，面带微笑。彼得勒斯不见踪影，倒是有个身穿礼服的小姑娘走上来，领他们进了屋。

那间旧马厩没有天花板，也没有像样的地板，不过至少相当宽敞，至少通了电。罩着灯罩的电灯和墙上的画片（凡·高的向日葵，一幅特列奇科夫的蓝色女士[1]，身穿全套芭芭丽娜服装的简·方达[2]，正在射门的库玛罗博士[3]）减轻了不少惨淡的气氛。

只有他们父女俩是白人。有人在跳舞，伴着他听过的

---

[1] 《中国姑娘》（*Chinese Girl*），俗称《绿色（而非蓝色）女士》（*The Green Lady*），是后来移居南非的俄罗斯画家弗拉基米尔·特列奇科夫（Vladimir Grigoryevich Tretchikoff, 1913—2006）一九五二年创作的最著名的作品，之后其复制品成为二十世纪最畅销的画作。

[2] 芭芭丽娜（Barbarella）是简·方达一九六八年主演的同名科幻动作影片的女主角。

[3] 库玛罗博士（Theophilus "Doctor" Khumalo, 1967— ），南非著名足球运动员。

老派非洲爵士乐。好奇的目光不断投射到他们身上,或者也可能只是好奇他那顶防护帽。

露西认识其中的几个女人。她开始做起了介绍。这时彼得勒斯出现在他们身边。他并没有扮演热心主人的角色,也没请他们喝点什么,不过倒是说了一句:"狗都没有了。我也不再是那个看狗人了。"露西选择把它当作一句玩笑话来接受;所以,一切都还显得满不错。

"我们给你带了样东西,"露西道,"不过也许我们应该把它交给你妻子。是家用的东西。"

彼得勒斯从厨房的区域——如果他们就是这么称呼那个地方的话——把妻子叫了过来。这是他第一次得以近距离地看到她。她很年轻——比露西还年轻——生得与其说漂亮,不如说顺眼,很腼腆,明显是怀孕了。她握住露西的手,却没握他的,也没有正视他的眼睛。

露西用科萨语说了几句话,把那个包裹递给她。这时周围已经围上来五六个人。

"她得把它打开。"彼得勒斯说。

"是的,你得把它打开。"露西也说。

小心翼翼地,唯恐撕破了那印着曼陀林和月桂枝的喜庆包装纸,年轻的妻子把包裹打开了。是一块印有非常漂亮的阿散蒂①装饰图案的布。"谢谢你。"她低声用英语说。

"这是个床罩。"露西向彼得勒斯解释道。

---

① 阿散蒂(Ashanti),西非加纳的一个行政区,历史上曾有过阿散蒂古王国,一九〇二年被英国吞并。

"露西是我们的恩主。"彼得勒斯说;然后又对露西说:"你是我们的恩主。"

一个令人反感的词,他感觉,像把双刃剑,把眼下的气氛给糟蹋了。可这能怪彼得勒斯吗?这门他使用得如此自信的语言——但愿他能够知道——已经是疲乏而又易碎,内部已经像是被白蚁给蛀空了。只有那些单音节的词还可以依赖,而且还不是全部。

那么该怎么办呢?他这位曾担任过传播学教师的人两眼一抹黑。这无异于完全另起炉灶,从 ABC 重新来过。可是等到那些大词经历过一番重组、净化,值得再次被信任的时候,他恐怕早就死了。

他打了个哆嗦,就像是有只鹅从他坟头上踩了过去。

"这小宝宝——这小宝宝什么时候降生?"他问彼得勒斯的妻子。

她不解地看了看他。

"十月份,"彼得勒斯插了进来,"小宝宝十月份生。我们希望是个男孩。"

"哦。女孩子有什么地方让你不喜欢了?"

"我们祈祷着能生个男孩,"彼得勒斯道,"如果头生是个男孩总是再好不过的。这样他就能给妹妹们做个榜样——教她们如何循规蹈矩了。再者说,"他顿了顿,"养个女孩子是非常费钱的。"他把拇指和食指捻在一起,"总是钱,钱,钱。"

他已经很久没见过这个手势了。过去是犹太人用的:钱——钱——钱,伴以同样意味深长的鸡啄米般的颠头簸脑。不过照理说,彼得勒斯应该对欧洲传统中的这个片段并不知晓。

"男孩子也会很费钱的。"他接口道,尽自己在谈话中的那份责任。

"你必须给她们买这个,你必须给她们买那个,"彼得勒斯继续道,进入了自己的轨道,不再听人家说什么了,"现如今,男人不再为女人付钱了。可我付。"他伸手摸了摸妻子的头;她谦恭地垂下目光。"我付,不过这是老派做法了。衣服,漂亮玩意儿,都一样:买,买,买。"他又开始重复捻手指的那个动作,"不,男孩好一些。不过你女儿得除外。你女儿不一样。你女儿就和一个男孩一样好。差不多!"他对自己的这句俏皮话哈哈一笑,"嘿,露西!"

露西面带微笑,不过他知道她有点尴尬。"我要跳舞去了。"她喃喃道,然后就走开了。

她在地板上自顾自地跳起来,现在这似乎成了一种时尚。很快就有一个年轻男人加入进来,他个头很高,四肢柔软灵活,穿着入时。他跟她面对面跳着,打着响指,冲她微笑,向她献殷勤。

女人们开始从外面进来了,端着一盘盘的烤肉。空气中满是令人食指大动的香气。一拨新的客人拥进来,都是年轻人,吵吵嚷嚷,生气勃勃,一点老派的样子都没有。派对真正热闹了起来。

有人递给他一盘食物。他传给了彼得勒斯。"不,"彼得勒斯道——"是给你的。要不然我们就整个晚上都得递过来递过去了。"

彼得勒斯和他妻子陪他待了很长时间，让他感觉宾至如归。好心人啊，他暗想。乡下人。

他朝露西瞥了一眼。那个年轻人现在离她只有几英寸远，把腿高高抬起又重重地踏下去，猛烈甩动着胳膊，跳得十分尽兴。

他端着的盘子里有两块羊排，一个烤土豆，肉汁里有一勺米饭，一片南瓜。他找了把椅子，斜签着身子在一边坐下，另一边还坐着个眼里满是黏液的干瘦老头。我要把这吃了，他对自己暗道。我要把这吃了，然后再去请求宽恕。

这时露西来到他身边，呼吸急促，面色紧张。"我们这就走好吗？"她说，"他们在这儿。"

"谁在这儿？"

"我看见他们当中的一个在屋后面。戴维，我不想大惊小怪，可我们现在就走好吗？"

"拿着这个。"他把那盘子递给她，从后门走了出去。

外面的客人几乎和屋里的一样多，聚集在火堆旁，说着，喝着，笑着。在火堆的那一头，有个人正盯着他。情况马上就明朗了起来。他认出了那张脸，马上就认了出来。他从人堆里挤过去。我就打算大惊小怪一番，他暗想。可惜了，偏偏就发生在今天。可有些事是不能等的。

在那个男孩面前，他把身体立定。是那里面的第三个，那个面色迟钝的学徒，那个走狗。"我认识你。"他冷冷地道。

那个男孩并没有显出吓了一跳的样子。相反，他倒像是一直都在等着这一刻，一直都在为这一刻积蓄能量。从

169

他喉咙里发出来的声音非常沙哑,充满怒火。"你是谁?"他说,不过这句话还有别的意思:你有什么权利到这儿来?他的整个身体都在散发着暴力。

这时彼得勒斯过来了,很快地用科萨语说着什么。

他伸手抓住彼得勒斯的袖子。彼得勒斯挣脱开,不耐烦地瞪了他一眼。"你知道这是谁吗?"他问彼得勒斯。

"不,我不知道他是干什么的,"彼得勒斯怒道,"我不知道出了什么事。出了什么事?"

"他——这个恶棍——当时来过这里,和他的同伙一起。他是他们当中的一个。不过还是让他告诉你这到底是怎么回事吧。让他告诉你他为什么会受到警方的通缉。"

"这不是真的!"那男孩叫道。他又和彼得勒斯说起来,一连串愤怒的话语。音乐声继续在夜空里回荡,可已经没有人再跳舞了:彼得勒斯的客人们都群集在他们周围,推推搡搡,挤成一堆,不断插嘴。气氛并不好。

彼得勒斯说话了。"他说他不知道你在说什么。"

"他撒谎。他知道得一清二楚。露西可以证明。"

可是露西当然是不会证明的。他怎么能期望露西在这些陌生人面前挺身而出,面对这个男孩,用手指着他说,没错,他就是其中的一个。他就是干下那桩坏事的其中一个?

"我要给警察打电话。"他说。

旁观的人群中发出不赞成的喃喃声。

"我要给警察打电话。"他向彼得勒斯重复道。彼得勒斯面沉似水。

在一片沉默中他回到屋里,露西正在等他。"咱们走。"他说。

客人们在他们面前让出路来。他们已经不再有友善的表现。露西忘了拿她的手电；黑暗中他们迷了路；露西只得脱下高跟鞋；他们跌跌撞撞地穿过几畦土豆地，这才回到他们的农舍。

他已经把电话拿在手里了，露西制止了他。"戴维，不，不要这么做。这不是彼得勒斯的错。如果你打电话报警，他的这个晚会就彻底毁了。要讲道理。"

他吃了一惊，大惊之下不禁对女儿发起火来。"看在上帝的分上，这怎么就不是彼得勒斯的错？不管怎么说，首先就是他把这些人引了来的。而现在他竟然厚颜无耻到再次请他们过来。我为什么要讲道理？说真的，露西，自始至终我就不能理解。我不能理解你为什么不对他们提出真正的指控，现在我不能理解你为什么要护着彼得勒斯。彼得勒斯并不是清白无辜的，彼得勒斯是和他们一伙的。"

"别冲我嚷嚷，戴维。这是我的生活。不得不住在这儿的是我。我的遭遇是我的事，是我一个人的，不是你的。如果我还有一项权利的话，那就是不受到这种审问的权利，不需要替自己辩护的权利——不需要向你，不需要向别的任何人。至于彼得勒斯，他不是我的雇工，不是那种只要我认为他和坏人搅和在一起就可以把他解雇的雇工。那个时代已经过去了，已经一去不复返了。你要是想与彼得勒斯为敌，你最好先有十足的事实依据。你不能打电话报警。我不能容忍这样的事。等到明天早上再说。等你听听彼得勒斯的说辞以后再说。"

"可是这么一来,那个男孩就会失踪了!"

"他不会失踪的。彼得勒斯认得他。不管怎么说,在东开普是没人能平白失踪的。这不是那种地方。"

"露西,露西,我恳求你!你是想为过去的错误做出补偿,可这不是这么做的正确途径。如果你现在没有为自己挺身而出,那你就永远都没法抬头做人了。你还不如卷铺盖走人。至于说到警察,如果你现在太脆弱,不想给他们打电话,那我们一开始就不该让他们掺和进来。我们就该默不作声,等着他们再来袭击我们。或者割断我们自己的咽喉。"

"别说了,戴维!我不需要在你面前为我自己辩护。你不知道到底发生了什么。"

"我不知道?"

"是的,你根本就不知道。停下来好好想想吧。至于说到警察,让我来提醒你一开始我们为什么要打电话给他们:是为了保险。我们提交了一份报告,因为如果没有这一过程,保险公司就不会赔付我们。"

"露西,你真让我吃惊。这根本就不是事实,你知道得很清楚。至于彼得勒斯,我再重复一遍:你要是在这个节骨眼上屈服退让,如果你做不到,你就永远都不可能维持你的自尊了。你对你自己、对未来、对你自己的自尊都负有责任。让我来给警察打电话。要不然你就亲自打。"

"不。"

不:这就是露西对他说的最后一个字。她退回自己的房间,把门关起来,把他关在了门外。一步一步地,他们就

172

像一对夫妻那样无可避免地走向分裂,而对此他是一点办法都没有。他们之间的争论已经变得就像是一对夫妻之间的争吵,陷在一起,没有任何别的地方可去。她肯定为他来和她同住的那一天感到后悔!她肯定希望他赶紧走人,越快越好。

可是她也不得不离开这里,从长远看来。一个女人孤身一人待在一个农场里,她是没有前途的,这一点非常清楚。就连埃廷格,尽管装备了枪支、铁丝网和报警系统,他的日子也已经屈指可数了。如果露西还有一点头脑的话,她就该在那比死亡还要糟糕的命运降临之前及早退步抽身。可是她当然不会这么做。她太固执,而且在她为自己选定的人生当中已经陷入得太深。

他溜出农舍。在黑暗中小心翼翼地迈着步,从后面走近了马厩。

那个巨大的火堆已经熄灭,音乐也已经停歇。有一群人聚集在后门的位置,那道门宽得足以开进一辆拖拉机。他越过他们的脑袋朝里面观瞧。

有一位客人站在地板的中央,是个中年人。他脑袋剃得精光,脖子像公牛一样粗短;他穿了身深色正装,脖子上挂着根金链子,链子上坠着个拳头一样大的徽章,是部落酋长过去经常颁给自己作为官方标志的那种玩意儿。是在考文垂或伯明翰的铸造厂里成箱地铸造出来的;一面压印着维多利亚 regina et imperatrix① 那乖戾的头像,另一面压印

---

① 拉丁文:女王兼女皇。

着跃立的角马或者鹮鸟。专供酋长们使用的勋章。运往整个的旧帝国：那格浦尔①、斐济、黄金海岸、卡弗拉里亚。

那人在讲话，是在抑扬顿挫、文辞堂皇地演讲。他不知道他在说些什么，不过他时不时地停顿一下，听众每次都发出喃喃的赞同声，人群当中不论老小，像是普遍都有一种平静的满足情绪。

他四下张望。那男孩就站在不远处，刚进门的地方。那男孩的目光紧张地扫了他一眼。其他人的目光也转向了他：转向这个陌生人，这个异类。那个佩戴勋章的人皱了皱眉，一时间打了个磕巴，随即提高了嗓门。

至于他，他才不介意这样的关注呢。就让他们知道我还在这里，他暗想，让他们知道我并没有偷偷地躲在那幢大房子里。如果他这样是搅了他们的聚会，搅就搅了呗。他抬起一只手放到他那白色的防护帽上。他这是头一次为戴着它而感到高兴，把它当作属于自己的东西而戴着。

_____

① 那格浦尔（Nagpur），印度中部城市。

十六

第二天的整个上午露西都躲着他。她承诺的跟彼得勒斯的会面并没有发生。然后,下午的时候,彼得勒斯自己来敲他们的后门了,仍旧是一如既往一板一眼的样子,穿着工作服和胶靴。该是铺设水管的时候了,他说。他想铺设一条 PVC 管道,从蓄水坝到他新家的位置,长度有两百米。他能借用一下工具吗?戴维能帮他安装调节阀吗?

"我对于调节阀一无所知。我对于管道工程一无所知。"他可没心情去帮彼得勒斯的忙。

"这不是什么管道工程,"彼得勒斯道,"是把管子接到一起。只不过是铺设水管。"

在前往水坝的路上,彼得勒斯大谈各种不同的调节阀、压力阀和管道接头;讲得手舞足蹈、滔滔不绝,一副无比精通的行家里手架势。新的管道得穿过露西的地,他说;好在她已经允许他这么做了。她是"有远见的"。"她是个向前看的女性,不是向后看的。"

关于昨晚的派对,关于那个直眨巴眼睛的男孩,彼得勒斯什么都没说。就好像这些事情从来就没发生过一样。

他在水坝那儿的角色很快就搞清楚了。彼得勒斯并不需要他对水管安装或是管道工程提供什么建议，只需要他帮忙拿拿东西、递递工具——就是给他打下手，事实上。对于这样的角色他倒也没什么意见。彼得勒斯是个好工匠，看他干活也是一种教益。是彼得勒斯这个人，他已经开始讨厌了。随着彼得勒斯喋喋不休地念叨他那些宏伟的蓝图，他对他的态度是越来越冷淡。他可不希望和彼得勒斯一起被放逐到一个荒岛上。他肯定也不希望和他结婚。是那种支配型人格。他那年轻的妻子像是挺幸福的，可他很想知道他那个年老的妻子会有什么样的感受。

最后，他实在是受够了，就老实不客气地打断了他那滔滔不绝的显摆。"彼得勒斯，"他说，"昨晚那个到你家里来的年轻人——他叫什么名字，现在住在哪儿？"

彼得勒斯摘下帽子，擦了擦前额。今天他戴了一顶鸭舌帽，帽子上别了个南非铁路与港口的银色帽徽。他像是收藏了很多顶帽子。

"你瞧，"彼得勒斯道，皱起了眉头，"戴维，你可不能就这么空口白牙地说那个男孩是个贼。他对于你把他叫作一个贼非常生气。他对每个人都是这么说的。而我，我是那个必须维持和平的人。所以这对我来说也是个难题。"

"我无意于把你牵扯到这里面来，彼得勒斯。告诉我那男孩的名字和去向，我会把这些信息转达给警方。然后我们就把这件事交给警方去调查，把他和他的朋友绳之以法。你不会被牵扯进来，我也不会被牵扯进来，那就纯粹是个法律事务了。"

彼得勒斯伸了伸腰背，把脸沐浴在阳光中。"可是保险公司会给你一辆新车的呀。"

这是个问题，还是个断言？彼得勒斯在玩什么把戏？"保险公司不会给我一辆新车，"他解释道，尽量表现得耐心一点，"就算是保险公司没有因为这个国家这么多的汽车盗窃而破产，它也只会按照他们认为我那辆旧车的实际价值赔我一定的百分比。那点钱是怎么也不够买一辆新车的。再者说，这里面还有一个原则问题。我们不能指望保险公司来伸张正义。这不是他们分内的事。"

"可是你从这男孩手里也弄不回你的车。他没法把车还给你。他不知道你的车现在在哪儿。你的车没了。最好的办法还是你用保险赔付的钱再买一辆，这样你就又有一辆车了。"

他怎么钻进了这么条死胡同？他尝试从一个新的方面来突破。"彼得勒斯，我来问你，这男孩跟你有什么亲戚关系吗？"

"而且为什么，"彼得勒斯继续道，就当没听见，"你想把这男孩交给警察呢？他还太小，你不能把他关进监狱。"

"他要是十八岁了就能被判刑。他要是十六了，也能。"

"不，不，他还不到十八。"

"你怎么知道？我看他已经有十八了，他看着都不止十八了。"

"我知道，我知道！他还是个年轻人，他不能进监狱的，法律就是这么规定的，你不能把一个年轻人关进监狱，你必须放他走！"

对彼得勒斯来说这就像是已经解决了这个问题。他沉重地单膝跪地,开始往出水口上接连接头。

"彼得勒斯,我女儿一直都想做个好邻居——一个好市民和一个好邻居。她喜欢东开普。她想在这里生活下去,她想和每个人都和睦相处。可如果她随时都可能受到恶棍的袭击,这些恶棍在袭击了她以后还能逍遥法外,她又怎么能做到这一点呢? 这一点你总该明白吧!"

彼得勒斯正努力把那个连接头接上去。他手上的皮肤露出又深又粗的裂纹;他干活的时候几乎一声不吭;没有任何迹象表明他听到了这番话。

"露西在这儿很安全,"他突然宣布道,"没关系。你可以离开她,她很安全。"

"可她不安全,彼得勒斯! 她很明显不安全! 你知道二十一号那天这里发生了什么。"

"是的,我知道发生了什么。不过现在没问题了。"

"谁说现在没问题了?"

"我说。"

"你说? 你会保护她?"

"我会保护她。"

"上次你就没有保护她。"

彼得勒斯又往管子上涂了些润滑油。

"你说你知道发生了什么,可你上次并没有保护她,"他重复道,"你躲得远远的,然后那三个恶棍就出现了,而现在看来你和其中的一位还是朋友。我应该得出什么样的结论呢?"

这差不多就等于对彼得勒斯的直接指控了。可干吗不呢？

"那男孩没犯罪，"彼得勒斯道，"他不是个罪犯。他不是个贼。"

"我说的可不仅仅是盗窃。还有另一桩罪行，比盗窃可要严重得多。你说你知道发生了什么。那你一定知道我的意思。"

"他没犯罪。他太年轻了。他只是犯了个大错。"

"你知道？"

"我知道。"水管接上去了。彼得勒斯把锁扣扣上，上紧，站起身，直了直腰。"我知道。我告诉你。我知道。"

"你知道。你连未来都知道。我还能说什么？你已经都说了。你这里还需要我帮忙吗？"

"不需要了，下面的活儿就很容易了，现在挖条沟把管子埋进去就行了。"

尽管彼得勒斯对保险业信心满满，在他的理赔事务上仍旧没有任何进展。没有一辆车，他感觉自己被生生困在了农场里。

有天下午他在动物诊所帮忙的时候，向贝芙·肖吐露了自己的心事。"露西和我处得很不好，"他说，"这当然没什么大不了的，我想。父母和孩子本来就不应该住在一起。在正常的情况下，我早就搬走了，回开普敦去了。可我不能把露西一个人留在农场里。她在这儿不安全。我一直都劝她把农场的经营都交给彼得勒斯，休息一下。可她不肯听我的。"

"你得对你的孩子们放手,戴维。你不能照管露西一辈子。"

"我对露西早就放手了。对孩子,我一直都是个最不关心爱护的父亲。可现在的情况大不相同。露西实实在在是处在危险中。这一点我们都亲眼看到了。"

"不会有问题的。彼得勒斯会保护她的。"

"彼得勒斯? 彼得勒斯保护她能得到什么好处?"

"你低估彼得勒斯了。彼得勒斯做牛做马地为露西维持着那个园子。如果没有彼得勒斯,露西就不可能是她现在这个样子。我不是说她的一切都归功于他,不过她欠他的地方确实不少。"

"也许是这么回事。可问题是,彼得勒斯欠她什么呢?"

"彼得勒斯是个善良的老伙计。你可以信赖他。"

"信赖彼得勒斯? 就因为彼得勒斯留着胡子、抽着烟斗、拿着根棍子,你就认为彼得勒斯是个老派的非洲老黑鬼,可其实根本不是这么回事。彼得勒斯不是个老派的老黑鬼,更不是个善良的老伙计。彼得勒斯,在我看来,是巴不得露西卷铺盖走人呢。如果你想要证据,远的不用说,就看看最近露西和我遭的这次难吧。这可能不是彼得勒斯暗地指使的,可他肯定是睁一眼闭一眼假装没看见,他肯定是没有给我们提个醒,他肯定是故意躲得远远的。"

他态度的激烈让贝芙·肖吃了一惊。"可怜的露西,"她轻声道,"她都经历了些什么呀!"

"我知道露西都经历了些什么。我就在那儿。"

她瞪圆了眼睛盯着他。"可你不在那儿啊,戴维。她告诉我的。你不在。"

你不在那儿。你不知道到底发生了什么。他真是大惑不解。按照贝芙·肖、按照露西的说法,他到底不在哪儿?不在那个闯入者们犯下暴行的房间里?难道她们认为他不知道强奸是怎么回事?难道她们认为他并没有对他女儿的痛苦感同身受?除了他能够想象的情形,他原本还可能目睹到什么?还是她们认为,只要涉及强奸,没有一个男人能真正体会到那个女人的感受?不管答案是什么,他都怒不可遏,因为他被她们完全当成了一个外人。

他买了一台小电视来代替被偷走的那一台。每天傍晚,吃过晚饭以后,他和露西就肩并肩坐在沙发上看新闻,新闻播完以后,要是他们忍受得了,就继续看娱乐节目。

他待的时间实在已经是太长了,不管是在他还是露西看来都是如此。他已经厌烦了这种每天拎着个旅行箱的生活,厌烦了一直都要支棱着耳朵倾听门前的石子路上是不是有吱嘎的脚步声。他希望能重新坐在自己的书桌前,能睡在自己的床上。可开普敦是那么遥远,简直就是另一个国度。尽管有贝芙的劝告,尽管有彼得勒斯的保证,尽管有露西的固执,他还是不准备把女儿一个人丢在这里。他暂时就生活在这里:在这段时间,在这个地方。

他那只眼睛的视力已经完全恢复了。他的头皮也正在愈合;他不需要再用油性敷料了。只有那只耳朵每天都还需要密切关注。所以时间确实可以治愈一切。照理说露西也应该在痊愈当中,或者如果没有在痊愈,那也应该是在遗忘,在那一天的记忆周围慢慢结痂,把它遮盖、封闭起来。这样,终有一天她也许就能说"我们遭劫的那一天如何如何",而且真的只把它当作遭到抢劫的那一天。

白天的时间他尽量在户外度过,好让露西在室内可以自由地呼吸。他在园子里干活;累了的时候就在水坝边坐坐,观察一下鸭子的一家在蓄水池里上上下下,沉思默想他那拜伦的创作计划。

这个计划一直都没有进展。他能把握的都是一些片段。第一幕最开始的那段台词仍旧无从下手;开场的一段音符也仍旧如一缕青烟般神出鬼没。有时候他真怕这一年多来一直都是他幽灵般的同伴的那些故事里的人物,已经开始慢慢地消隐了。即便是其中那最吸引人的角色玛格丽塔·科尼——他是如此渴望听到她愤慨地抨击拜伦那贱货情妇特蕾莎·圭乔利的激情澎湃的女低音唱段——也正在悄悄地溜走。失去他们令他满心绝望,而这绝望如果以大局来看,却又像是一阵头痛一样灰暗、平淡而又琐碎。

他尽可能经常地前往动物福利诊所,只要不需要技术的工作他一概主动帮着做:喂食、打扫、擦洗。

他们在诊所里照顾的动物主要是狗,猫比较少;至于牲畜,D村似乎自有其兽医知识,自有其药典,自有其治疗师。那些送过来的狗有患狗瘟的、断肢的、被咬伤感染的、患疥癣的、不管是出于无心还是恶意疏于照管的、老迈的、营养不良的、有肠道寄生虫的,不过最重要的还是由于它们自己的生育能力太强。就仅仅是因为它们太多了。当有人把一只狗送来的时候,他们不会直接说出来:"我把这只狗带来请你们把它给杀了。"但他们期望的就是:他们会把它处理掉,让它消失,把它消灭掉。他们希望的结果,事实上就是Lösung①(德语总能提供一个合适的纯粹的抽象概念):升华,就像酒精是从水中提纯的一样,不留一点残余,没有一点余味。

　　所以,周日的下午,诊所就会关门上锁,而他则帮助贝芙·肖 lösen② 这一周以来那些多余的犬类。每次一只,他把它们从后面的笼子里放出来,把它们领到或者抱到手术室。对每一只,在这将是它生命中最后的几分钟里,贝芙会给它全副的关注,爱抚它,跟它说话,使它最后的这段生命旅程变得轻松一些。如果说那只狗多半并没有因此乐而忘忧,那也是因为有他在场:他散发出错误的气息(他们能闻出你在想些什么),那耻辱的气息。尽管如此,还是得由他负责把那只狗按住不动,好让针头扎进静脉,让药力到达心脏,然后四肢开始瘫软,眼睛失去光泽。

　　他原以为自己会渐渐习以为常。可事实并非如此。他协助的安乐死越多,他就变得越发紧张不安。有个周日的晚上,他开着露西的迷你巴士回家的路上,他居然不得不在路边暂时把车停下,好让自己镇定下来。眼泪从脸上流过,怎么也止不住;两只手抖个不停。

---

①　德语(名词):解决办法,解除;溶解。
②　德语(动词):解决,解除;溶解。

他不明白自己这到底是怎么了。迄今为止,对于动物他多多少少一直都是挺漠不关心的。虽然在抽象的意义上他不赞成残酷的行径,他都说不清自己在天性上到底算是残酷还是慈悲。简言之,他应该既算不上残酷也说不上慈悲。以他的设想,那些其工作岗位就要求他们行事残酷的人,比如说从事屠宰业的工人,他们的灵魂会生出一层硬壳来。习惯成自然,人的心肠自然会硬起来:大部分情况下肯定是这样,可是在他身上却似乎并不是这么回事。他像是天生就没有心肠变硬的禀赋。

他整个的身心都被手术室里发生的事情给紧紧攫住了。他深信那些狗是知道它们大限已至的。尽管安乐的过程无声无息、毫无痛苦,尽管贝芙·肖想的、他努力去想的都是些愉快的念头,尽管他们把刚安乐死的尸体都放在扎得紧紧的密封袋里,院子里的那些狗仍然嗅得出屋里面究竟在干些什么。它们的耳朵紧贴在脑后,它们的尾巴耷拉下来,就仿佛它们也感受到了死亡的耻辱;它们把四条腿死死地站定,你不得不把它们推着、拖着甚至抱起来,才能把它们弄到屋里去。被放到桌子上的时候,它们有的拼命地左右挣扎,有的哀伤地呜咽悲嗥;没有一只狗会直视贝芙手里的那支针管,它们凭直觉就已经知道,它即将极为可怕地伤害它们。

最糟糕的还是那些用鼻子闻他、想要舔他的手的。他从来就不喜欢被狗舔,他的第一反应就是赶紧躲开。在实际上是个谋杀者的时候,干吗还要假装老朋友呢? 可他随后又会大为不忍。为什么要让一个已被死亡的阴影所笼罩

184

的生灵觉得他对自己避之唯恐不及，就仿佛跟它接触一下都是可憎可厌的呢？于是他就让它们舔他，如果它们愿意的话，就像只要它们允许，贝芙·肖就会爱抚和亲吻它们一样。

他不是个感伤主义者，他希望。他尽量不对他安乐死的动物感情用事，或者对贝芙·肖感情用事。他避免对她说"我不知道你是怎么做得到的"，以免不得不听她回答说"总得有人这么做"。他并不排除这样的可能：在内心的最深处，贝芙·肖也可能并不是个带来解脱的天使，而是个恶魔；在她那无比慈悲的表象之下也许隐藏着屠夫般冷硬的心肠。他尽量保持一种开放的心态。

既然进行注射的是贝芙·肖，就由他来负责处理遗骸。每次进行过一批安乐死之后的次日清晨，他就开着那辆满载狗尸的迷你巴士来到殖民者医院，送到焚化炉那里，把装在一个个黑色密封袋里的尸骸送进熊熊的火焰。

其实，如果刚做完安乐死以后马上就把狗尸袋送过去，留在那儿交由焚化炉的工作人员去处理，那要省事得多。可那就意味着得把它们和这周末收集来的其他垃圾堆在一起：医院病房里的废弃物、路边铲来的动物腐尸、恶臭难闻的硝皮厂里的废料——这种混合既随意又可怕。他可不想把这样的耻辱再加到它们身上。

所以，每周日的傍晚，他就把这些狗尸袋放到露西那辆迷你巴士的后车厢里带回农场，在那儿停放一夜，星期一一早再开车把它们送到医院的院子里。在那儿，他亲自把它们放进传送车，每次放一只，转动手柄，那机械装置就会把传送车拉进钢制闸门里面的熊熊火焰中,拉下控制杆,把传送车倒空,再转动手柄让传送车倒回来,而那些通常该由他们来干这个活儿的工人就站在一边看着。

他到这儿来的那第一个星期一,原本是让他们来干这个焚化工作的。尸体在过了一夜以后已经变得非常僵硬了。尸体的腿会挂在传送车的栏杆上,等那传送车从焚化炉里走了一遭又回来的时候,那具狗尸经常也会又被拉回来,浑身乌黑,呲牙咧嘴,皮毛一股焦臭味,裹在外面的塑料袋都被烧没了。不久以后,那些工人就开始用铁锹的背面狠狠地把那些狗尸袋都敲一遍,把那些僵直的四肢敲折了以后再装车。他就是在那时候进行干预,把那个工作自己接了过来的。

焚化炉是用无烟煤做燃料的,由一台风扇往烟道里送风;他猜它应该是五十年代,和医院一起造的。它一个礼拜运转六天,从周一到周六。在第七天上,它休息。工人上班的时候,先把前一天烧的灰从炉子里耙出来,然后装上煤点上火。到上午九点钟的时候,内炉的温度就达到了一千摄氏度,足以把骨头烧成炭了。半个上午用来添煤烧火,要花一整个下午才能慢慢冷却。

他不知道那些焚化工人的名字。他们也不知道他的名字。对他们来说,他只是个开始每周一都从动物福利诊所往这儿运狗尸袋的人,而且打那以后来得越来越早。他来到这里,他干他的活,他离开;他并不构成以那个焚化炉为中心而运转的小社会中的一部分,尽管外面用铁丝网围着,大门关门上锁,而且还竖着用三种语言写的告示。

186

因为那围栏早就被洞穿了;大门和告示就全当没看见。等护理员们在上午拎着第一批医疗废品来到这里的时候,早就有不少的女人和孩子在等着从中捡拾注射器、钢钉、可清洗的绷带,任何东西,只要能够卖点钱的他们都要,不过尤其是药品,他们可以卖给草药店,或是在街上出售。也有些流浪汉,他们白天就在医院的院子里溜达,晚上靠着焚化炉的外墙睡觉,或者甚至干脆睡到炉子的坑道里,为的是取暖。

这并不是他想加入的一个联谊会。不过他在那儿的时候,他们也在那儿;如果说他带给这个垃圾场的东西他们并不感兴趣,那也只是因为一只死狗的各个部分既不能出售,也不能吃掉。

他为什么要承担这样一个工作?是为了减轻贝芙·肖的负担吗?如果只是这样,那他把那些狗尸袋往垃圾场一扔,把车开走也就足够了。是为了那些狗吗?可那些狗已经死了;而且再怎么说,狗又知道什么荣与辱呢?

那就是为了他自己。为了他对于这个世界的认识:在这个世界中,人们不会只是为了更方便处理就用铁锹把狗的尸体拍打成另外一种形状。

这些狗被带到诊所里来就是因为已经没人要它们了:因为我们太多了①。他就在那儿进入了它们的生活。他可能不是它们的救星,不是那个并不嫌它们太多了的人,可是

---

① 哈代名著《无名的裘德》中最惨痛的一幕:裘德的儿子"小时光老人"为了能使父母不再忍受贫困的煎熬,把他的弟、妹吊死在门后,自己也上吊自杀,留下的字条就是:因为我们太多了。

他准备在它们已经没法——完全没法照顾自己的时候,在就连贝芙·肖都已经洗手不管了的时候去照顾它们。一个看狗人,彼得勒斯曾这样称呼自己。好吧,现在他已经成了一个看狗人:一个狗的送葬人;一个狗的灵魂引路人;一个神的子民①。

也真够奇怪的:一个像他这么自私的人居然自告奋勇承担起了为死狗服务的任务。而要为这个世界,或者说为了对这个世界的认识而献身,肯定还有其他更富有成效的办法。比如说,你可以在那家诊所里工作更长的时间。你可以奉劝那些垃圾场里的孩子们不要净往自己身体里面喂毒药。哪怕是更自觉地坐下来多写几行他那个拜伦的歌剧剧本,在必要时也可以被视为一种对于人类的贡献。

可这些事情自有别的人去做——动物福利啦,社会康复疗救啦,甚至拜伦的歌剧。他之所以承担起拯救狗尸荣誉的工作,是因为再也没有另外一个人蠢到愿意去干这样的事了。他就正在成为这样的人:蠢、傻、执迷不悟。

---

① 即印度社会中的不可接触者:被排斥于种姓之外、社会地位最低的贱民,圣雄甘地称这些不可接触者为"神的子民"(harijan)。

十七

他们礼拜天在诊所的工作结束了。迷你巴士上装满了狗尸的货物。作为最后一项累人的杂务,他正在拖洗诊所的地板。

"我来干吧,"贝芙·肖从院子里进来说,"你还是早点回去吧。"

"我不着急。"

"不管怎么说,你肯定是更习惯于另一种生活的人。"

"另一种生活?我还不知道生活也有好多种呢。"

"我是说,你肯定觉得这儿的生活非常无趣。你肯定想念自己的圈子。你肯定想念有不少女性朋友的日子。"

"女性朋友,你是说。露西一定告诉过你我之所以离开开普敦的原因了。那儿的女性朋友并没有给我带来什么好运气。"

"你不该对她过于苛刻了。"

"对露西苛刻?我是决不会对露西苛刻的。"

"不是露西——是那个开普敦的年轻女人。露西说那儿有个年轻女人给你带来了很大的麻烦。"

"是的,是有个年轻女人。不过在这件事上,我才是那个惹出麻烦的人。我给这位年轻女人带来的麻烦至少不亚于她带给我的。"

"露西说你不得不放弃了你的大学里的教职。那肯定是很不好受的。你感到后悔吗?"

真是爱管闲事!他真难以理解一星半点的流言蜚语怎么就会激起女人这么大的兴致。这个相貌平平的小东西真的认为他已经没办法让她受到惊吓了吗?抑或受到惊吓正是她主动承担下来的另一种职责——就像一个为了减少这个世界上的强奸份额而甘愿躺下来被人强奸的修女?

"我感到后悔吗?你是说,在当时搞得最轰轰烈烈的时候?当然不。在搞得最轰轰烈烈的时候是没有任何疑虑的。对此,我相信你自己一定也很清楚。"

她脸红了。他可是有很长时间没见过一个中年女人脸红得这么厉害了。一直红到头发根。

"不过,你肯定会觉得格雷厄姆斯敦太安静了点,"她喃喃道,"相比而言。"

"我对格雷厄姆斯敦倒没什么意见。至少让我远离了诱惑。再者说,我也不住在格雷厄姆斯敦。我是跟我女儿一起住在一个农场上。"

远离了诱惑:跟一个女人这么说实在是太冷酷了,哪怕这是个相貌平平的女人。也并非在每个人的眼里都相貌平平。一定有过这样一个时刻,在比尔·肖眼里,年轻的贝芙身上是有些与众不同之处的。可能在别的男人眼里也同样如此。

他试着想象年轻了二十岁的她的模样,那时候短脖子上的那张向上仰起的脸一定是显得大胆活泼的,那满是雀斑的皮肤也一定是淳朴而又健康的。冲动之下,他伸出手来,用一根手指拂过她的嘴唇。

她垂下眼皮,但并没有退缩。相反,她做出了回应,用双唇擦过他的手——甚至可以说是在吻他的手——而与此同时,她的脸一直涨得通红。

这就是发生的一切。他们也就走到这一步。他再没有说话,就离开了诊所。在他身后,他听到她关灯的声音。

第二天下午,她打来一个电话。"我们能在诊所见个面吗? 四点钟。"她说。不是个问题,而是个通知,紧张而又高声地发出的通知。他差一点就要问"为什么"了,幸好他判断力还不错,没问出声。不过他还是吃了一惊。他敢打赌她以前从没干过这样的事。因为她的天真无知,她一定以为通奸就是这样进行的;那个女的打电话给她的追求者,跟他说她已经准备这么做了。

星期一诊所是不开放的。他开门进去,又用钥匙把门锁上了。贝芙·肖在手术室里,背朝他站着。他把她搂在怀里;她用耳朵爱抚着他的下巴;他的双唇轻擦着她头发上紧致的小发髻。"有毯子,"她说,"在壁橱里。架子的最下面。"

两床毯子,一粉一灰,从她自己家里偷偷摸摸带过来的,这个女人在最后的时刻可能还要再洗个澡、涂上粉、抹上油,做好一切准备;而据他所知,这个女人每个礼拜天都会涂粉抹油,并且把毯子存放在壁橱里,以备不时之需。这个女人认为,就因为他来自大城市,就因为他的名字和丑闻联系在一起,他就肯定和很多女人做过爱,而且期望和他不期而遇的每个女人做爱。

他们要在手术台和地板上做个选择。他把毯子铺在了地板上,灰色的垫在底下,粉色的在上头。他把灯关掉,离开房间去检查一下后门是不是锁上了,等着。他听到她脱衣服的窸窣声。贝芙。他做梦也想不到会跟贝芙这样的人上床。

她躺在毯子底下,只露出一个头。就连在一片昏暗中,这番景象也没有丝毫吸引力。他飞快地脱掉内裤,钻进去挨在她身边,双手从上到下抚摸了一遍她的身体。她根本就谈不上有什么乳房。结结实实,几乎没有腰身,就像是一只矮胖的木桶。

她抓住他一只手,塞给他一样东西。是个避孕套。事先全都想好了,从开始到最后。

至于他们的交媾,他至少可以说是尽职尽责了。没有激情,不过也没有反感。所以最后贝芙·肖是尽可以扬扬自得的。她想得到的一切都已经成为现实。他,戴维·卢里,已经得到了救助,就像一个男人被一个女人所救助一样;对她的朋友露西·卢里这个难搞的客人,她也已经帮了忙。

让我永远都不要忘记这一天,在他们俩都筋疲力尽时,躺在她身边的他对自己暗道。在梅拉妮·伊萨克斯那甜美、年轻的肉体以后,我已经沦落到了这样的地步。而这就是我不得不学着去习惯的东西,去习惯这个,甚至比这个还不如的东西。

"天不早了，"贝芙·肖道，"我得走了。"

他把毯子往旁边一推，站起身来，丝毫无意于遮掩自己。就让她瞪大眼睛好好看看她的罗密欧吧，他想，看看他塌陷的肩膀和皮包骨头的小腿。天的确不早了。地平线上只剩下最后一抹血红的残阳；月亮若隐若现地出现在头顶上；缕缕的烟霭悬置在空气中；越过一带荒原，从第一排的陋室蓬屋那里传来吵闹和喧哗声。在门口，贝芙最后一次抱住他，把头靠在他的胸口。他由着她这么做，就像他已经由着她做了所有她觉得需要去做的那些事情一样。他的思绪飞到了爱玛·包法利身上，在她那第一个无比重大的下午过后，在镜子面前尽情地炫耀。我有情人了！我有情人了！爱玛唱给自己听。① 好吧，就让可怜的贝芙·肖回到家里也去开心地歌唱吧。而他也不能再称她为可怜的贝芙·肖了。如果说她穷②的话，那他就已经破产了。

---

① 法国作家福楼拜名著《包法利夫人》中的重要情节。
② 此处双关："可怜"和"穷"都是一个词"poor"。

十八

    彼得勒斯借了台拖拉机——从哪儿借的他一点概念都没有——把露西来这儿之前就已经扔在马厩后面生锈的那张老旧的旋耕犁挂在后面。在几个小时之内就把他所有的土地都犁了一遍。一切都非常迅速、非常高效；一切都很不像非洲的行事方式。在古代，也就是说在十年前，用牛拉着一张手耕犁，那得花费他好多天的时间。

    面对这个全新的彼得勒斯，露西还能有什么机会呢？彼得勒斯来到这里的时候是干挖掘、搬运和灌溉这些活儿的。现在他已经忙得无暇顾及这些事了。露西又能到哪儿再去找个人来帮她挖掘、搬运和灌溉呢？如果这是一盘棋的话，他会说露西在所有的战线上都已经彻底败北了。她如果还有点自知之明，她就该退出了：找到土地银行，达成协议，把农场转让给彼得勒斯，重新回到文明社会。她可以在郊区开几家寄宿狗舍；她可以把经营范围扩大到猫咪。她甚至可以重操她和她那帮朋友在嬉皮时代的旧业：土风编织、土风制陶、土风篮筐编织；向游客出售小珠子。

    败了。不难想象十年后露西的情况：一个满脸愁纹的胖女人，一身老早过时的衣服，只能跟她的宠物说说话，独自一人吃饭。这种生活实在是不怎么样。不过总好过成天担心下一次袭击什么时候会来,她再也没有足以保护她的狗,也没人会接她的电话。

他在彼得勒斯为自己的新家选定的那地方找到了他,那是块略微隆起的高坡,可以俯瞰他们农场的主宅。土地测量员已经来过了,木桩也已经打好。

"你不会打算房子都自己造吧?"他问。

彼得勒斯嘿嘿一笑。"不,造房子可是个技术活儿,"他说,"砌砖、抹泥,所有那些活儿,你都得有技术才行。不,我只打算挖挖地基。这个我自己能干得了。这不是个多需要技术的活儿,是个小男孩都能干。挖地这活儿,你只需要变成个小男孩就成。"

彼得勒斯说这番话的时候开心得不得了。他曾经是个小男孩,现在不再是了。现在他可以扮个小男孩玩,就像玛丽·安托瓦内特①可以扮个挤奶女工一样。

他切入了正题。"要是露西和我回到开普敦去,你愿意帮忙照管农场上她的那一部分吗?我们会付你工资,或者你也可以照一定的比例抽成。照一定的比例抽取利润。"

"我必须得照管露西的农场,"彼得勒斯道,"我必须得当那个农场经理。"他说这几个字的时候就仿佛以前从来没听说过一样,就像魔术师的帽子里跳出来的小兔子一下

_____

① 玛丽·安托瓦内特(Marie Antoinette, 1755—1793),法王路易十六的王后,法国大革命后被处死于断头台。

子出现在他面前一样。

"是的,你要是愿意,我们就称你为农场经理。"

"露西总有一天还会回来的。"

"我想她一定会回来的。她对这个农场有很深的感情。她丝毫无意于把它放弃。不过她近来的日子过得很艰难。她需要休息一下。度个假。"

"在海边。"彼得勒斯道,微微一笑,露出被熏黄的牙齿。

"是的,在海边,要是她高兴的话。"他深为彼得勒斯这种藏头亢脑的说话习惯所激怒。曾经有过那么一个时候,他还感觉有可能和彼得勒斯成为朋友呢。现在他憎恶他。和彼得勒斯说话就像是拳击一个沙袋一样。"如果露西决定要休息一下,依我看我们俩谁都无权对此表示质疑,"他说,"不论是你还是我。"

"这个农场经理我得干多长时间?"

"我还不知道,彼得勒斯。我还没和露西讨论过这件事,我这只是在探索一下如此操作的可能性,看看你是不是同意这么做。"

"而我得把一切事务都承担下来——我得喂狗,我得种菜,我得去集市——"

"彼得勒斯,你没必要这么一一列举。不会有狗了。我只是笼统地问你一句:如果露西去度个假的话,你愿意负责照看这个农场吗?"

"要是没有那辆迷你巴士,我怎么能去集市呢?"

"这是个枝节问题。我们可以稍后再讨论这些枝节问题。我只想要一个笼统的回答,你愿意还是不愿意。"

彼得勒斯摇着头。"事情太多了,太多了。"他说。

突然之间接到警察打来的一个电话,是伊丽莎白港一个叫埃斯特许斯的警探打来的。说他的车找到了。现在新布赖顿①警察局的院子里,他可以前去认领。还有两个人被捕。

"那太好了,"他说,"我几乎都不抱希望了。"

"不会,先生,案子要两年以后才会撤销。"

"车子的状况怎么样? 还能开吗?"

"能开,你可以把它开回去。"

在一种久违了的兴高采烈的状态当中,他开车和露西一起来到伊丽莎白港,然后又来到新布赖顿,在那儿按照指示来到了范代芬特尔街,找到了那个样式沉闷,像座堡垒一样的警察局,外面环绕着两米高的围墙,墙上面还装着铁丝网。有醒目的标志严禁在警局前面停车。他们又往前开了挺长一段距离才把车停下。

"我就在车里等着吧。"露西说。

"你确定?"

"我不喜欢那地方。我就在这儿等着吧。"

他在报案处说明自己是谁,被指示沿着迷宫般的走廊来到车辆失窃部。埃斯特许斯警探是个胖胖的小个头金发男人,在他的卷宗里查找了一番,然后领他来到一个院子

----

① 新布赖顿(New Brighton),东开普省伊丽莎白港的一个镇区。

197

里,那里一辆紧挨着一辆地停着好多车子。他们一排一排地找过来。

"你们在哪儿找到这辆车的?"他问埃斯特许斯。

"就在新布赖顿。算你运气。对于这种旧款的卡罗拉,这些坏蛋通常是把它们拆掉只要零件的。"

"你说你们还抓到了人。"

"两个。我们是根据线报抓到他们的。发现了整整一屋子偷来的东西。电视、录像机、冰箱,什么都有。"

"那两个人呢?"

"被保释出去了。"

"在你们把他们释放前,难道不是先把我叫来确认一下他们的身份更合乎情理吗?现在他们一保释出去,马上就会消失得无影无踪。这一点你们知道得很清楚。"

那位警探面无表情、一言不发。

他们在一辆白色卡罗拉面前停了下来。"这不是我的车,"他说,"我的车是开普敦牌照。案子的卷宗上写得很清楚。"他指着那张纸上的那组数字:CA507644。

"他们会重新喷漆。他们会换个假牌照。他们把牌照换来换去。"

"即便如此,这也不是我的车。能把车门开一下吗?"

警探把车门打开了。车内一股子湿报纸和炸鸡的气味。

"我的车上可没有音响设备,"他说,"这不是我的车。你确信我的车不在这个停车场的别的什么地方吗?"

他们把停车场都看了个遍。他的车不在那儿。埃斯特许斯挠了挠头。"我再好好查查，"他说，"肯定是搞混了。把你的号码留给我，我会给你打电话的。"

露西坐在那辆迷你巴士的驾驶座上，眼睛闭着。他敲了敲车窗玻璃，她把车门打开。"完全是个误会，"他上车的时候说，"他们查获了一辆卡罗拉，但不是我那辆。"

"你见到人了吗？"

"人？"

"你说过他们抓到了两个人。"

"他们又被保释出去了。反正那不是我的车，所以不管他们抓住的是谁，也不可能是把我的车开走的那两个人。"

很长一段时间的沉默。"这么说符合逻辑吗？"她说。

她发动了引擎，猛打方向盘。

"我倒没意识到你这么盼着他们被抓呢，"他说，他能听到他语气中的恼怒，但并没有加以抑制，"要是他们被抓了，那就意味着得有一次审判，以及审判所包含的所有内容。你就得去做证。你有这个思想准备吗？"

露西关掉了引擎。她因为拼命忍住泪水，面色整个都是僵的。

"不管怎么说，审判都是冷酷无情的。不过咱们的朋友们是不会被抓住的，靠这种状态的警察是抓不住的。所以还是算了吧。"

他凝聚了一下心神。他正在变成一个唠叨鬼、一个烦人精，可这完全于事无补。"露西，现在真到了你需要面对自己，做出选择的时候了。要么你继续待在一幢充满了丑

199

恶记忆的房子里,满怀怨愤地反复思量发生在你身上的事情,或者你把整个的这段经历都抛在脑后,换个地方开始生活的新篇章。在我看来,这就是你面临的两种选择。我知道你想要留下来,可难道你不该至少也考虑一下另一条出路吗?我们俩就不能理智地谈一谈吗?"

她摇了摇头。"这个问题我不能再谈了,戴维,我就是做不到,"她说,声音很轻,说得很快,就仿佛生怕这些话语会干枯似的,"我知道我表述得很不清楚。我希望我能解释清楚。可我做不到。因为你是你而我是我,我做不到。对不起。对不起,害你丢了车。对不起,让你这么失望。"

她把头埋在胳膊里;伴随着她的屈服,肩膀上下起伏。

那种感觉再次席卷而来:倦怠、冷漠,不过同时还有失重,就仿佛他已经从内里被蚀空了,他的心就只剩下一个空壳。他不由地暗想,一个这种状态下的人又怎么能写得出可以使死人复活的歌词和音乐呢?

五码之外的人行道上坐着一个衣衫褴褛、穿一双拖鞋的女人,正恶狠狠地盯着他们。出于保护,他把一只手放在露西的肩膀上。我的女儿,他想道;我最亲爱的女儿。她现在最需要的就是我的指引。而总有一天她将担负起指引我的重担。

她能嗅出他的思想吗?

最后还是他来开的车。车到半路的时候,露西出乎他预料地开口说话了。"那实在是太私人化了,"她说,"他们带着那么强烈的私人仇恨。那是比什么都更加让我感到震惊的。其他的……也不过意料之中。可他们为什么那么恨我？我都从来没有见过他们。"

他等着她继续往下说，但没有了，暂且没有了。"那是历史在通过他们发言，"他终于还是提出了自己的看法，"一段错误的历史。你就这么想吧，如果有帮助的话。那看起来似乎是私怨，但并不是。那是从先辈那儿传下来的。"

"这并不能让它更容易接受一些。那种震骇怎么都挥之不去。那种被人仇恨的震骇，我是说。就在那过程当中。"

在那过程当中。她的意思是他认为的那个意思吗？

"你还觉得害怕吗？"他问。

"是的。"

"害怕他们会回来？"

"是的。"

"你是不是认为，如果你不向警方指控他们，他们就不会回来了？你就是这么告诉自己的吧？"

"不。"

"那是什么？"

她没说话。

"露西，事情原本可以无比简单。把养狗场关了。马上就关。把房子锁上，付钱给彼得勒斯让他负责照看。休息个半年或者一年，直到这个国家的情况有所改善再说。到海外去。去荷兰。我出钱。等你回来以后你可以审时度势，重新开始。"

"我要是现在离开，戴维，我就不会再回来了。谢谢你的好意,可是这没用。你能想到的这些办法,我全都在脑子里想过一百遍了。"

"那你打算怎么办?"

"我不知道。但不管我决定怎么办,我都想由自己来做这个决定,而不是被人逼迫的。有些事情你就是没办法明白。"

"什么事情我没办法明白?"

"首先,你并不明白那一天我到底遭遇了什么。你为我着想,对此我很感激,你以为你明白,但归根结底你并不明白。因为你没办法明白。"

他减速慢行,想靠边停车。"别,"露西道,"别停在这儿。这个路段很糟,在这儿停车太危险了。"

他又把速度加了上去。"恰恰相反,我全都明白,明白得无比透彻,"他说,"我就要说出我们一直到现在都避免说的那个词了。你被强奸了。是轮奸。被三个人。"

"还有呢?"

"你害怕你这条命都会搭上。你害怕他们强奸了你以后还会杀了你。因为你在他们眼里一文不值。"

"还有呢?"她的声音已经低得像是耳语。

"还有,我什么都没做。我没有去救你。"

这是他自己的忏悔。

她不耐烦地微微挥了一下手。"不要责怪你自己,戴维。我根本就没指望你能拯救我。他们要是早一个礼拜来的话,那屋里就只有我孤身一人了。不过你说的是对的,对于他们来说我什么都不是,一文不值。我能感觉到这一点。"

一时间谁都没再说话。"我认为他们以前就过这种事,"她又继续道,声音已经更加稳定了,"至少那两个成年人干过。我认为他们首要的就是强奸犯。偷东西只不过是附带干干。是兼职。我认为他们干的就是强奸。"

"你认为他们还会回来?"

"我认为我就在他们的领地之内。他们已经瞄上了我。他们还会回来找我的。"

"那你就更不可能在这儿待下去了。"

"为什么不?"

"因为那就等于是招他们回来找你。"

她沉思了很长一段时间才又回答:"可是,就不能换另外一种方式来看这个问题吗,戴维? 如果……如果这就是你想继续在这儿待下去必须付出的代价呢? 也许他们就是这么看待这个问题的;也许我也应该这么来看。他们认为我欠了他们什么。他们把自己看作讨债的,看作收税的。我什么都不付,为什么能被允许住在这里? 也许他们就是这么告诉自己的。"

"我确信他们会告诉自己很多东西。那都是出于他们自己的利益,编些故事来为自己寻找合法性。但你得相信自己的感觉。你说你在他们身上感到的就只有仇恨。"

"仇恨……当涉及男人和性的时候,戴维,无论什么都已经不会再让我感到惊讶了。可能对于男人来说,仇恨那个女人会让性行为变得更加刺激。你是个男人,你应该知道。当你和一个陌生人发生性关系的时候——当你诱骗她,控制住她,把她压在你身体底下,把你全身的重量都压在她身上的时候——这难道不是有点像杀戮吗?把刀子捅进去;之后无比兴奋,把那具尸体留在血泊中,扬长而去——这种感觉难道不像是谋杀,不像是谋杀后逃走吗?"

你是个男人,你应该知道:有这样跟自己父亲说话的吗? 她和他是站在同一边吗?

"也许吧,"他说,"有时候。对有些男人而言。"然后他突然间不假思索地问了一句,"那两个人都一样吗? 就像在跟死亡搏斗吗?"

"他们俩相互激励对方。这可能就是他们要一起行动的原因所在。就像是狗要拉帮结伙一样。"

"那第三个,那个男孩呢?"

"他是学习去的。"

他们已经过了那棵作为路标的铁树。时间所剩无几了。

"如果他们是白人的话,你就不会以这样的方式来谈论他们了,"他说,"如果他们是来自德斯帕奇①的白人流氓,比方说。"

"是吗?"

"是的,你就不会了。我不是在责怪你,这不是问题的关键。但在你对他们的论说当中有种新的东西。奴役。他们想要你成为他们的奴隶。"

----

① 德斯帕奇(Despatch),东开普省一小镇,位于伊丽莎白港和埃滕哈赫(Uitenhage)之间。

"不是奴役。是服从。是征服。"

他摇摇头。"这太过分了,露西。卖了吧。把农场卖给彼得勒斯,离开这里。"

"不。"

他们的交谈到此为止。可露西的话却一直在他脑海里回响。在血泊中。这话什么意思?莫非当真应验了他梦见的那满床的鲜血,那血浴?

他们干的就是强奸。他想象着那三个强徒开着那辆还不算太旧的丰田离开的情形,后座上堆满了家用物品,他们的阴茎、他们的武器,暖乎乎、心满意足地夹在他们的两腿中间——满意得像猫一样直打呼噜,这个意象一下子袭上心头。他们肯定是有一切理由为那天下午的工作感到异常高兴;他们在他们从事的这种天职当中一定感到无比快活。

他记得他还是个孩子的时候,全神贯注地盯着报纸报道中的强奸这个词,千方百计想猜出它到底是个什么意思,非常纳闷这个原本如此柔和的字母"p",到了这个词中间怎么就变得如此恐怖,没有一个人会响亮地发出这个音节?在图书馆的一本艺术书中,有一幅画叫作《强奸萨宾妇女》①:男人身穿裸露的罗马铠甲骑在马背上,女人裹着薄纱,把手臂伸向空中悲哭哀号。这种装腔作势跟他私心怀疑的强奸到底有什么关系呢?他感觉那应该是男人趴在女人身上,把自己的家伙往她里面插。

————————————

① 《强奸萨宾妇女》(*The Rape of the Sabine Women*),一般译为《抢劫萨宾妇女》,众多画家都画过这个著名的题材,从下文的描述看这里指的应该是鲁本斯的名作。

他想到了拜伦。在拜伦把自己的家伙插进去的众多伯爵夫人和厨房女佣当中，无疑也有那种我们称之为强奸的事例。不过肯定没有一个女人会因此而害怕事情办完之后她们的咽喉会被切开。从他的立场，从露西的立场来看，拜伦实在是显得非常老派。

露西当时被吓坏了，吓得要死。她嗓音哽咽，她没法呼吸，她四肢麻木。这不是真的，在那几个男人把她按倒在床上的时候她对自己这么说；这只是个梦，一个噩梦。而那几个男人，对他们来说，则是将她的恐慌一饮而尽，陶醉在其中，用尽一切手段来伤害她，来恐吓她，来强化她的恐惧。叫你的狗呀！他们对她说。去呀，去叫你的狗呀！没狗了？那就让你见识见识咱们的狗！

你不明白，你不在那儿，贝芙·肖这么说。嗨，她错了。露西的直觉毕竟还是对的：他确实明白；他能明白，如果他全神贯注，如果他能做到无我，来到那里，成为那几个人，附在他们身上，用他自己的幽灵填满他们的躯壳。问题是，他有成为那个女人的本事吗？

他在孤身独处的房间里给他女儿写了一封信：

"最亲爱的露西：怀着这个世界上所有的爱，我必须要把下面这番话说出来。你正处在一个危险的错误的边缘。你希望在历史面前卑屈自己。可是你走的却是一条错误的路。它会把你所有的气节一层层剥尽；你会变得没有办法自处。我请求你，听我一次吧。

"你的父亲。"

半小时以后，一个信封从他的门底下塞了进来。"亲爱的戴维:你一直都没有听我说话。我已经不是你认识的那个人了。我已经是个死人,而且不知道还有什么能让我起死回生。我所知道的就只有我不能一走了之。

"你看不到这一点,我也不知道我怎么才能让你看见。就仿佛你故意坐在一个阳光照不到的角落里一样。我觉得你就是那三只黑猩猩当中的一只,用爪子遮住自己眼睛的那只。

"没错,我走的也许是一条错误的路。可如果我现在离开农场,我就是在一败涂地之后逃走的,我的后半辈子都将用在品尝那失败的滋味上。

"我不可能永远都是个孩子。你也不能永远都是个父亲。我知道你是一片好心,可你不是我需要的向导,这次不是。

"你的,露西。"

这就是他们之间的交流;这就是露西最后的话。

当天给狗做安乐死的工作已经做完了,黑塑料袋堆在了门边,每个袋子里都有一具尸体和一个灵魂。他和贝芙·肖相互搂抱着躺在手术室的地板上。再过半小时,贝芙就将回到她的比尔身边,而他则要开始把那些塑料袋装车了。

"你从没跟我说过你第一任妻子的事情,"贝芙·肖道,"露西也从不会说到她。"

"露西的母亲是个荷兰人。这个她一定跟你说过了。艾薇丽娜。艾薇。离婚后她回到了荷兰。后来又结了婚。

露西和这位继父合不来。她就提出回到南非来。"

"这么说是她选择了你。"

"在某种程度上吧。她还选择了一种特定的环境,一种特定的地平线。现在我是想劝她再次离开这儿,哪怕只是为了休息一下。她在荷兰有家,也有朋友。荷兰也许并不是个最令人兴奋的生活的地方,不过至少它不会让你噩梦连连。"

"结果呢?"

他耸耸肩。"露西至少是目前,不想听从我的任何建议。她说我不是个好向导。"

"可你当过老师啊。"

"我当这个老师纯属意外。教书从来就不是我喜欢的职业。我当然也从来不曾一心想去教别人如何生活。我是那种过去被称为学者的人。我写过几本关于已经死去的人的书。那是我的心之所属。我教书只是为了谋生。"

她等着他继续往下说,可他已经没兴致再讲下去。

太阳落下去了,感觉也越来越冷了。他们并没有做爱;事实上他们已经不再假装那是他们在一起该做的事了。

在他的脑海中,拜伦独自一人在舞台上,吸一口气准备开唱。他就要动身前往希腊。在三十五岁上,他开始懂得生命的珍贵。

Sunt lacrimae rerum, et mentem mortalia tangunt①:这将

---

① 拉丁语,出自维吉尔《埃涅阿斯纪》第一卷第四百六十二行,杨周翰译作:人生不幸的遭遇也仍然赢得同情之泪,生活的痛苦也仍然打动人心。

是拜伦的唱词,对此他很有把握。至于音乐,仍在天际的某个地方盘旋,还没有到来。

"你用不着担心。"贝芙·肖道。她的头靠在他胸口上:她应该能听见他的心跳,那六步格的诗句正与它的跳动步调一致。"比尔和我会照顾她的。我们会常去农场看看。还有彼得勒斯呢。彼得勒斯会处处留心的。"

"父亲般的彼得勒斯。"

"是的。"

"露西说我不能永远都是个父亲。可我这辈子也无法想象,不当露西的父亲会是个什么样子。"

她用手指捋过他的发根。"一切都会好起来的,"她轻声道,"你会看到的。"

十九

这幢房子是新建住宅区的一部分,十五或者二十年前刚造好的时候应该是相当荒凉的,不过这些年来已经大为改观:培植了长满青草的步道,种了树,灰泥墙上爬满了攀缘植物。拉索尔姆新月街八号有个油漆过的花园门,门上装着应答电话。

他按了按通话键。一个年轻的声音应道:"哈啰?"

"我找伊萨克斯先生。我姓卢里。"

"他还没回家。"

"他大约什么时候回来?"

"那好吧。"一阵蜂鸣声;门锁咔嗒一响;他把门推开了。

一条小路通往前门,一个苗条的小姑娘站在门前望着他。她穿了身校服:海军蓝的束腰外衣,白色的齐膝长袜,开领衬衫。她长着梅拉妮的眼睛,梅拉妮的宽宽的颧骨,如果说有什么不同的话,就是更漂亮。梅拉妮曾说起过她有个妹妹,名字他一时间想不起来了。

"下午好。你估计你父亲什么时候能回家?"

"学校是三点钟放学,不过他通常都会多待一段时间。

没关系的,你可以进来等。"

她把门打开让他进去,他进门的时候她把身体往边上一贴。她正在吃一块切下来的蛋糕,用两个手指斯斯文文地举着。上嘴唇上沾了点碎屑。他非常想伸手把它们擦掉;就在这一刹那,有关她姐姐的记忆像一阵热浪漫过他的身体。上帝救我,他暗想——我这是在干什么?

"你要是愿意就坐下等吧。"

他坐了下来。家具闪闪发光,房间整洁得给人一种压迫感。

"你叫什么名字?"他问。

"德丝蕾。"

德丝蕾:这下他想起来了。梅拉妮是头生,那个不讨人喜欢的,然后是德丝蕾,那个一心想要的。他们给她取这样的名字简直就是在笼络神灵①!

"我叫戴维·卢里。"他仔细地观察她,不过她并没有表现出任何知道这个名字的神情,"我是从开普敦来的。"

"我姐姐就在开普敦。她在那儿上学。"

他点点头。他并没有说,我认识你姐姐,对她了如指掌。可是他想:同一棵树上的果实,可能就连最隐秘的细节都十分相像。然而又有不同:不同的血脉搏动,不同的激情冲动。若得和她们姐妹同床:简直是国王才有的艳福。

他微微哆嗦,看了看表。"你知道吗,德丝蕾?我想还不如你告诉我该怎么走,我去学校找你父亲更好。"

---

① 德丝蕾(Desiree)的法语意思就是"想望的""希望的"。

学校是这个住宅区的一部分:一幢低矮的建筑,贴装饰面砖的外墙,钢窗,石棉瓦屋顶,外面是个灰头土脸的四方形院子,墙上装着铁丝网。大门口一边的柱子上写着:**F. S. 马雷**,另一根柱子上写着:**中学**。

校园里冷冷清清。他兜了一圈,终于看到了一个标牌上写着:**办公室**。里面坐着个胖乎乎的中年秘书,正在修剪指甲。"我找伊萨克斯先生。"他说。

"伊萨克斯先生!"她叫道,"有人找!"她转向他,"进去吧。"

办公桌后面的伊萨克斯半欠起身,定格在那儿,有些茫然地望着他。

"你还记得我吗?戴维·卢里,从开普敦来的。"

"哦。"伊萨克斯说着又坐回到椅子上。他还穿着那身太大的正装:他的脖子消失在上衣当中,从那儿,他就像只被装在袋子里的尖嘴鸟一样向外窥视。窗户都关着,有一股子陈旧的烟味。

"你如果不想见我,我马上就走。"他说。

"别,"伊萨克斯道,"坐吧。我正在检查学生的出勤率。你不介意我先把它做完吧?"

"请便。"

办公桌上有一张加框的照片。从他坐的地方他看不见,不过他知道会是张什么照片:梅拉妮和德丝蕾,她们父亲的两位掌上明珠,以及把她们生下来的母亲。

"所以,"伊萨克斯合上最后一本点名册,"我怎么会有这么大的荣幸在这儿见到你?"

他本以为自己会很紧张,但事实上他发现自己相当平静。

"在梅拉妮提出申诉以后,"他说,"大学里进行了一次正式的调查。结果是我辞去了自己的教职。这已经人尽皆知;你肯定也都知道了。"

伊萨克斯用探询的目光盯着他,不置一词。

"打那以后,我就一直无所事事。今天我正巧经过乔治,我想不如停一下,和你谈一谈。我记得我们上次的会面,气氛不很……友好。不过我想不管怎么说,我还是应该顺便拜访,把我心里的话说出来。"

到此为止,都是实话。他确实想把心里的话都说出来。问题是,他心里的话到底是什么呢?

伊萨克斯手里拿着支廉价的 Bic 圆珠笔。他的手指沿着笔杆从上滑到下,转个头,再从下滑到上,一遍又一遍地做个没完,那动作与其说是不耐烦,不如说纯属机械。

他继续说下去:"你已经听过梅拉妮从她的角度讲述的事情的经过。我想再从我的角度跟你说说,如果你愿意听的话。

"对我来说,这件事的发生没有任何预谋。对我来说,它是一次历险,是某一类男人——是我突然碰到的那种能够使我保持活力的小小的历险。原谅我用这样的方式讲话。我是想尽量坦白一点。

"可是在梅拉妮这件事上,发生了些意想不到的情况。我把它想象成一团火。她在我内心燃起了一团火。"

他顿了顿。那支笔仍在继续它的舞蹈。一种突如其来的小小的历险。某一类男人。这个办公桌后面的男人也曾有过什么历险吗？他越是端详，就越发表示怀疑。如果伊萨克斯是在教堂里当个什么差，一个辅祭或者一个助祭——不管助祭到底是干什么的——他是丝毫都不会感到意外的。

"一团火：这又有什么了不得的呢？如果一团火熄了，你划根火柴就能再点一团。我过去就是这么想的。可是在往昔，人们崇拜火。他们在让火焰——火神熄灭前总是会三思而后行。你女儿在我心里点燃的就是这样的一种火焰。虽不足以把我烧成灰烬，却是真实存在的：真正的火。"

烧着——烧焦——烧成灰烬。

那支笔停止了转动。"卢里先生，"姑娘的父亲道，他脸上有一抹扭曲、痛苦的微笑，"我不禁要自问，你到底以为你这是在干吗？跑到我的学校里来，跟我讲这些不着边际的话……"

"对不起，这是很不像话，我知道。我到此为止。这就是我所有想说的话，用于自辩。梅拉妮现在怎么样？"

"梅拉妮很好，既然你问起来了。她每周都往家里打电话。她已经复学了，学校给了她特别的豁免政策，相信你肯定能够理解，在这样的情况下。业余时间她继续她的舞台工作，干得很不错。你怎么样？你辞去教职以后有什么打算吗？"

"我也有个女儿，你应该有兴趣听听的。她拥有一个农场；我想和她在一起住上一段时间，帮帮她。我还想写一

214

本书,算是一本书吧。不管怎么说,我是不会闲着的。"

他顿了顿。伊萨克斯全神贯注地看着他,他感觉那目光看透了他的内心。

"原来如此。"伊萨克斯柔声道,这句话说来就像是一声叹息,"大英雄何竟沉落!①"

沉落?是的,是有一次沉落,毫无疑问。可是大英雄?他能被称为大英雄吗?他认为自己是个微贱之人,而且正变得越来越微贱。一个来自历史边缘的人物。

"也许这对我们只有好处,"他说,"偶尔地沉落那么一次。只要我们不因此而垮掉就行。"

"好。好。很好。"伊萨克斯道,仍旧专心一意地望着他。他第一次从他身上觉察出了梅拉妮的一点蛛丝马迹:那形状好看的嘴巴和双唇。冲动之下,他把手伸过办公桌,想和他握握手,结果只触碰了一下他的手背。凉凉的、没有汗毛的皮肤。

"卢里先生,"伊萨克斯道,"你还有什么别的想告诉我的吗,除了你自己和梅拉妮的故事?你曾提到你心里有话要说。"

"我的心里?不。不,我只是顺道过来问问梅拉妮现在怎么样了。"他站起身,"谢谢你肯见我,我很感激。"他伸出一只手,这次是直截了当地,"再见。"

"再见。"

---

① 出自《圣经·旧约·撒母耳记下》第一章第十九节,和合本译文作"大英雄何竟死亡"。

他已经走到门口——事实上已经来到了外面的办公室,这时已经空无一人——伊萨克斯突然叫道:"卢里先生!等一下!"

他回转身。

"今晚你有什么安排吗?"

"今晚?我已经入住了一家宾馆。我没什么安排。"

"来和我们一起吃顿饭吧。来吃晚饭。"

"我想尊夫人不会欢迎我去的。"

"也许不欢迎。也许欢迎。请一定来吧。和我们同桌共食。我们七点钟吃饭。我把我们家的地址写给你。"

"不必了。我已经去过府上了,还见到了你的女儿。就是她指点我到这儿来的。"

伊萨克斯眼睛都没眨一下。"很好。"他说。

伊萨克斯亲自把大门打开。"请进,请进。"他说,领他来到起居室。并没有他妻子的踪影,还有他的小女儿。

"我带了点小礼物。"他说,取出一瓶红酒。

伊萨克斯谢了他,可是看起来不确定该拿那瓶酒怎么办。"我给你倒一杯吧?我这就去把它打开。"他离开了房间;厨房里传来一阵窃窃私语。他回来了。"我们好像把开瓶器给弄丢了。德茜①会去邻居那儿借一把。"

很明显他们是滴酒不沾。他本该想到这一点的。一个严厉的小布尔乔亚的小家庭,节俭、勤谨。车洗得干干净

---

① 德丝蕾的昵称。

净,草坪修剪得整整齐齐,银行里有存款。他们的资源全都用来将两个宝贝女儿带入美好的未来:满怀戏剧梦想的聪明的梅拉妮;美人德丝蕾。

他想起梅拉妮,在他们真正走近的那头一个傍晚,挨着他坐在沙发上喝加了一口威士忌的咖啡,为的是——这个词不大情愿地冒出来——润滑她一下。她那苗条的小小身体;她那性感的衣服;她那闪烁着兴奋的眼睛。迈进了野狼潜行的森林。

美人德丝蕾拿着酒瓶和一把开瓶器走了进来。她穿过地板朝他们走来的时候,犹豫了一下,意识到她还没跟他们打个招呼。"爸?"她语带一丝困惑地喃喃道,把那瓶酒递了过来。

如此说来:她已经知道他是谁了。他们已经讨论过他,也许还为了他有过一番激烈的争执:不受欢迎的客人,这个人的名字就是罪恶。

她父亲把她的手握在自己手里。"德丝蕾,"他说,"这是卢里先生。"

"哈啰,德丝蕾。"

原本把她的脸给遮住的头发已经被甩到了脑后。她没有回避他的目光,仍有些不自在,不过在她父亲的羽翼之下已经变得更加坚强了。"哈啰。"她喃喃道;而他则在心里念叨,我的上帝,我的上帝!

至于她,她则没办法隐藏她脑子里沸腾的想法:原来这就是那个我姐姐脱光了和他待在一起的男人!原来这就是那个她和他一起干那种事的男人!这个老男人!

有一间单独的小餐厅,有扇小门通厨房。餐桌上已经摆好了四份精美的餐具;蜡烛也点上了。"坐,坐!"伊萨克斯道。仍旧不见他妻子的踪影。"我失陪片刻。"伊萨克斯进了厨房。只留下他和坐在他对面的德丝蕾。她垂着头,不像刚才那么勇敢了。

他们回来了,夫妇俩一起。他站起来。"你还没见过我妻子。多琳,这是咱们的客人,卢里先生。"

"非常感激你在自己家里接待我,伊萨克斯太太。"

伊萨克斯太太是个矮个子女人,正处在中年发福的阶段,弓形腿给人一种走起路来微微有些摇晃的感觉。不过他能看得出那姐妹俩的长相是从哪儿继承来的。在她的鼎盛时期,她肯定是个真正的大美人。

她的表情仍很僵硬,有意避开他的目光,不过她的确还是最为轻微地向他点了点头。恭顺的典范:一个好妻子、好帮手。而汝二人将成为一体①。两个女儿将来会像她一样吗?

"德丝蕾,"她命令道,"来帮忙把菜端上来。"

那孩子满怀感激地忙不迭从椅子上跳下来。

"伊萨克斯先生,我搅得你家烦宅乱了,"他说,"你请我来吃饭是你的一番好意,我非常感激,但我还是现在就走比较好。"

伊萨克斯冲他微微一笑,让他感到意外的是,那笑容中

---

① 出自《圣经·旧约·创世记》第二章第二十四节:"(因此,人要离开父母与妻子结合,)二人成为一体。"

218

竟含有一丝愉悦。"坐下,坐下!我们不会有问题的!我们做得到的!"他俯下身子凑近他,"你一定得坚强起来!"

这时,德丝蕾和她母亲端着盘子回来了:嘟嘟冒泡的鸡肉和番茄炖菜,散发着姜和小茴香的浓香,米饭,几样色拉和泡菜。正是他和露西住在一起时最想吃的那种家常菜。

那瓶酒就放在他面前,还有孤零零的一只红酒杯。

"只有我一个人喝吗?"他问。

"请吧,"伊萨克斯道,"请喝吧。"

他倒了一杯。他并不喜欢甜的红酒,他买这瓶迟摘型甜葡萄酒是因为想象中可能符合他们的口味。好吧,他等于是自作自受。

还有饭前祷告的仪式要进行。伊萨克斯一家三口相互拉起手来;他也只能把双手伸了出来,左手拉住女孩父亲的手,右手拉住母亲的手。"主啊,感谢您赐予我们食粮。"伊萨克斯念道。"阿门。"他妻子和女儿一起回应;而他,戴维·卢里,也嘟囔了一句"阿门",然后就松开了那两只手,做父亲的手像丝一样凉凉的,做母亲的手则小小的,肉嘟嘟的,因为一直在忙活而暖烘烘的。

伊萨克斯太太给大家盛菜。"小心,很烫的。"她把盛菜的盘子递给他的时候说。这是她跟他说的唯一一句话。

吃饭中间,他努力做个好客人,谈些有趣的话题,不让餐桌上出现冷场。他谈起露西,谈她的寄宿狗舍,谈她的养蜂和园艺计划,谈她周六早上在集市上的摊头买卖。对他们遭到袭击的事他几句话就敷衍过去,只提到他的车被偷了。他还谈起动物福利协会的情况,不过并没有提医院后院里的焚化炉,也没提他和贝芙·肖那些偷情的下午。

用这种方式组织弥缝之下,他诉述的乡间故事就这么毫无阴影地铺展开来。无比白痴、单纯的乡村生活。他多希望这都是真的!他厌倦了阴影,厌倦了混乱,厌倦了复杂的人。他爱他女儿,可有时候他真希望她是个更简单的人:更简单,更明晰。那个强奸她的人,那伙罪犯的头子就是这样。就像利刃劈风。

在想象中,他看到自己平躺在手术台上。手术刀闪闪发亮;从咽喉到腹股沟,他被整个剖开;他看得清清楚楚却又一点都不觉得痛。一个外科医生,胡子拉碴的,俯身在他上面,皱着眉。这都是些什么玩意儿?医生怒冲冲地道。他拨拉着胆囊。这是什么?他把它切下来,往旁边一扔。他拨拉着心脏。这又是什么?

"你女儿——她是一个人经营农场吗?"伊萨克斯问。

"她有个雇工有时候帮帮她。彼得勒斯。一个非洲人。"然后他又说起彼得勒斯,诚实可靠的彼得勒斯,说起他的两个妻子以及他那稳健适度的雄心壮志。

他并没有他原来料想的那么饿。闲谈渐次变得意兴阑珊,不过他们总算是把晚饭吃完了。德丝蕾先行告退,做她的作业去了。伊萨克斯太太把饭桌收拾干净。

"我该走了,"他说,"明天我一早就出发。"

"等等,再待一会儿。"伊萨克斯道。

就剩下他们两个人。他再也没法闪烁其词了。

"关于梅拉妮。"他说。

"怎么?"

"再多说一句,就全都说完了。我相信,事情原本可以有不一样的结果的,在我们俩之间,尽管我们有这么大的年龄差距。可是有一样东西我提供不了,一种——"他搜寻着那个合适的词,"浪漫诗意的东西。我缺乏这种浪漫诗意的东西。我把爱掌控得太好了。甚至当我在燃烧的时候,我都没有歌唱,如果你懂我的意思的话。对此我感到很抱歉。我很抱歉让你女儿经受了这样的遭遇。你有一个完美的家庭。我为给你和伊萨克斯太太带来的痛苦郑重道歉。我请求你们的原谅。"

完美不太恰当。最好是用模范。

"如此说来,"伊萨克斯道,"你终究还是道了歉。我原来还纳闷这道歉什么时候才能到来。"他陷入了沉思。他并没有坐下;现在开始来回踱起步来。"你感到抱歉。你缺乏那种浪漫诗意的东西,你说。如果你拥有那种浪漫诗意的东西,结果就不是今天这个样子了。可我对自己说,在我们被人发现的时候,我们都会感到抱歉。然后我们还会感到非常抱歉。可问题并不在于我们是否感到抱歉,问题在于我们从中得到了什么样的教训。问题在于:既然我们感到抱歉了,那么我们现在打算怎么办?"

他正准备回答,但伊萨克斯举起一只手。"我可以在你的听证会上叫出上帝之名吗?你不会是那种一听到上帝的名号就不高兴的人吧?问题是,除了你感到非常抱歉以外,上帝还希望你有什么样的表现?对此你有任何概念吗,卢里先生?"

尽管受到伊萨克斯走来走去的干扰,他仍尽量谨慎措词。"通常我会说,"他道,"在过了特定的年龄以后,一个人就老得没法接受什么教训了。他就只能一次一次地接受惩罚了。不过也许这并不真确,并不总是真确。我拭目以待。至于说上帝,我不是个信徒,所以我不得不把你所说的上帝以及上帝的意愿翻译成我自己的说法。用我自己的话来说,我因为发生在我自己和你女儿之间的事情正在受到惩罚。我已经陷入了一种耻辱的状态,很难再从中超拔出来。我并不拒绝这种惩罚。对此我并没有怨言。恰恰相反,我日复一日就生活在其间,努力将耻辱当作我的生存状况接受下来。你认为,像我这样毫无条件地生活在耻辱当中,在上帝看来足够了吗?"

"我不知道,卢里先生。通常我会说,不要问我,问上帝。不过既然你从不祈祷,你也就没办法去问上帝。所以上帝肯定会找到他自己的途径来告诉你。你认为你为什么会来到了这里,卢里先生?"

他没吭声。

"我来告诉你。你路经乔治的时候,突然想到你那个学生的家就在乔治,你就心下暗想,为什么不呢?事先你并没有打算这么做,然而现在你发现自己已经在我们家里了。这对你来说一定是个意外。我说得对吗?"

"并不尽然。之前我并没有跟你说实话。我并非只是从这儿路过。我到乔治来,就为了一个原因:跟你说说话。这件事我已经考虑了有一段时间了。"

"没错,你来是为了和我说说话,你说,可为什么要跟我说说话呢?我很好说话,我太好说话了。我学校里的孩

222

子们全都知道这一点。在伊萨克斯那儿你最容易过关——他们就是这么说的。"他再次面现微笑,还是像以前同样的扭曲的微笑,"所以你到这儿来,到底是为了和谁说说话呢?"

现在他已经确认了:他不喜欢这个人,不喜欢他的这些伎俩。

他站起身,跌跌撞撞地穿过空空的餐厅,沿着走廊走去。从一扇半掩的门后面,他听到低声的话语。他把那扇门推开。坐在床上的是德丝蕾和她母亲,正在缠一绞毛线。看见他后大吃一惊,母女俩不作声了。

他认认真真地行礼如仪,跪下来,前额直触到地板。

这足够了吗?他想。这样做行吗?如果不行,还要怎么做?

他抬起头。母女俩仍坐在那里,木雕泥塑一般。他望了望母亲的眼睛,又望了望女儿的,身体里又是一阵潮涌,欲望的潮涌。

他从地上爬起来,比他希望的稍许艰难一点。"晚安,"他说,"谢谢你们的好意。谢谢你的晚饭。"

十一点钟的时候,他在旅馆的房间里接到一个电话。是伊萨克斯。"我打电话来是祝愿你在未来充满力量。"顿了顿,"有个问题我从来都没问过你,卢里先生。你希不希望我们代表你跟大学进行些调停工作呢?"

"调停?"

"是的,让你复职,比如说。"

"我从来没有这样的念头。我和大学已经断绝关系了。"

　　"因为你现在走的路是上帝为你选定的。我们不该横加干涉。"

　　"明白了。"

二十

　　他取道 N2 公路重返开普敦。他离开这儿还不到三个
月的时间，可是在此期间，那些棚户区已经越过公路，并向
东朝机场方向延伸而去。车流不得不放慢速度，等着一个
孩子拿了根树枝把一只离群的奶牛从公路上赶下去。不可
阻挡地，他不禁暗想，乡村正在进入城市。隆德博西①公共
草地上很快就会再次出现家畜了；历史很快就会兜一个完
整的圈子，重新回到起点。

　　所以，他又回家了。他却并没有回家的感觉。他无法
想象再次在托伦斯路上的房子里住下来，就在大学的阴影
中，像个罪犯一样躲躲藏藏，生怕遇见原来的同事。他将不
得不把房子卖掉，搬到某个更便宜些的公寓里去住。

　　他的财务状况一片混乱。打他离开这儿，他就什么账
单都没付过。这段时间以来他都是靠信用来过活的；而他
的信用随时都将彻底破产。

　　漫游的日子结束了。在漫游的日子结束以后等着他的

---

① 　隆德博西(Rondebosch)，开普敦南郊的居住区，拥有其购物及商业
区，开普敦大学的主校园亦位于这一地区。

又是什么呢？他看见他自己满头白发,弯腰驼背,慢吞吞地拖拉着脚步去街角的小店里买上半升牛奶和半个面包;他看见自己茫然若失地坐在一张书桌前,在一个堆满泛黄报纸的房间里,等着下午的时光慢慢过去,他好开始做他的晚饭,吃完后上床睡觉。一个退休的老迈学者,没有希望,没有前途:这就是他准备接受的生活吗?

他开了前门的锁。花园里杂草丛生,信箱里塞得满满的净是宣传页和广告。尽管依照大多数标准这房子都算得上戒备森严,但毕竟空关了好几个月了:如果希望一直都没人闯进来过,那怕也是奢望。确实,从他打开前门,嗅到屋里的气息的那一刻,他就知道肯定是出了问题。他的心脏开始以一种病态的兴奋怦怦跳个不停。

没有声音。不管是谁来过,都已经走了。可他们又是怎么进来的?蹑手蹑脚地各个房间转了一圈,他很快就发现是怎么回事了。后窗上的有根栏杆被从墙上硬扯了出来,对折起来,窗玻璃被打碎了,留下的洞口足以爬进来一个孩子,甚至一个小个子的大人。被风吹进来的树叶和沙子,已经在地板上积成了一小堆。

他整个房子转了一圈,估算一下有多少损失。他的卧室遭到了洗劫,橱柜敞开着,空空如也。他的音响设备不见了,他的磁带和唱片,他的电脑设备统统不翼而飞。他的书房里,书桌和文件柜都被砸开了:纸张散落得到处都是。厨房里被劫掠一空:餐具、陶器、小型电器全都不见了。他酒柜里的酒一瓶都不剩。就连他存放罐头食品的食橱也已经空无一物。

这可不是普通的入室盗窃。是一帮突击队开了进来，把现场打扫得干干净净，然后装满一个个袋子、纸箱和行李箱撤离现场。那是战利品，是战争赔偿，是财富重新分配这一伟大战役的一个小插曲。是谁现在正穿着他的鞋子？贝多芬和雅那切克①已经找到新家了吗，还是被扔到垃圾堆里了？

卫生间里传来一股子难闻的气味。一只鸽子因为被困在房间里，已经死在了浴缸里。他轻手轻脚地把那一团小骨头和羽毛捡起来放进一个塑料袋里，把口扎紧。

电被切断了，电话不通了。除非他采取一些措施，否则就得在黑暗中度过这个夜晚了。可是他的情绪太低落了，什么都不想做。就让这一切都见鬼去吧，他想，瘫坐在一把椅子上，闭上了眼睛。

黄昏时分，他振作了一下，出了门。天空中已经有星星在闪烁。穿过空荡荡的街道，穿过浮动着浓厚的马鞭草和黄水仙香气的花园，他来到了大学的校园。

他还有传播学系大楼的钥匙。现在正是过来转转的好时候：走廊里空无一人。他乘坐电梯来到五楼他原来的办公室。门上的名牌已经换过了。新名牌上写的是 **S. 奥托博士**。门下面透出淡淡的灯光。

他敲了敲门。没有声音。他用钥匙打开门，走了进去。

---

① 雅那切克（Leos Janáček，1854—1928），捷克作曲家，二十世纪民族乐派的主要倡导者，代表作为歌剧《耶奴发》（即《养女》）。

房间里整个都变了样。他的书和画都不见了,光秃秃的墙上只挂了张海报大小的、放大的连环漫画中的一帧:超人正垂着头经受露易丝·莱恩①的训斥。

电脑后面,暗淡的灯光中,坐着个他没见过的年轻人。那年轻人眉头一皱。"你是谁?"他问。

"我是戴维·卢里。"

"是吗? 那么?"

"我来取我的信件。这曾是我的办公室。"在过去,他几乎要加上这么一句。

"哦,对了,戴维·卢里。抱歉,我一时没想起来。我把它们都放在一个纸箱里了。还有我找到的你的其他一些东西。"他一挥手,"在那儿。"

"还有我的书呢?"

"都在楼下的储藏室里。"

他抱起那个纸箱。"谢谢你。"他说。

"不客气,"年轻的奥托博士道,"你拿得了吗?"

他抱着那个沉重的纸箱朝图书馆走去,想在那里整理一下他的信件。可他来到入口的时候,那机器已经不接受他的门禁卡了。他不得不在大堂的一条凳子上做他的整理工作。

他焦躁不安,睡不着觉。天一亮,他就朝山上走去,散

---

① 露易丝·莱恩(Lois Lane),美国 DC 漫画旗下的人物,是大都会《星球日报》的记者克拉克·肯特——即超人——的同事和妻子。

了很长一段距离的步。下过雨,溪水暴涨。他呼吸着松树那令人陶醉的清香。到今天为止,他还是个自由的人,除了对自己,他对任何人都没有任何义务。眼前的时间,他愿意怎么打发就怎么打发。这让人有种不安的感觉,不过他想他会习惯的。

他和露西住的那段时间,并没有把他变成一个乡下人。尽管如此,有些东西他还是有些怀念——比如说那个鸭子的家庭。鸭妈妈在蓄水池里来来回回游动,胸脯骄傲地挺得老高,伊尼、米尼、梅尼和哞①跟在后面忙不迭地踩水,满怀信心,只要妈妈在,他们就不会受到任何伤害。

至于那些狗,他不愿意想到它们。从星期一开始,那些在动物诊所里被从生命中解脱出来的狗,就会被扔进火里,没有任何标记,没人会为它们痛惜。对于他这样的背叛,他还能得到宽恕吗?

他去了趟银行,拿着一堆要洗的衣物去了趟洗衣房。在那家多年来他一直在那儿买咖啡的小店里,那店员居然假装没认出他来。正在为花园浇水的他的芳邻,故意扭过头去背朝着他。

他想起华兹华斯第一次在伦敦逗留时的情景,他去看哑剧,看着巨人杀手杰克②快快活活地在舞台上昂首阔步,

---

① 《伊尼、米尼、梅尼、哞》(*Eenie, Meenie, Minie, Mo*),一首广为流传的用来数数的儿歌。

② 《巨人杀手杰克》(*Jack the Giant Killer*),英国一个著名的童话故事和传说,讲的是亚瑟王朝代的一个年轻人杀死好几个坏蛋巨人的故事。

把手里的剑舞得上下翻飞,因为他受到胸口上写着的那个隐身咒语的保护。

傍晚时分,他从一个公用电话亭给露西打了个电话。"我想最好还是打个电话,免得你不放心我,"他说,"我很好。还得有段时间才能安顿下来,我想。我在房子里四处乱转,就像是瓶子里的一颗豌豆。我想念那些鸭子。"

他没提家里被洗劫一空的遭遇。拿自己的麻烦去加重露西的负担又有什么好处呢?

"彼得勒斯呢?"他问,"彼得勒斯已经在照顾你了吗,还是他仍然一头扎在造房子的事情里什么都不管?"

"彼得勒斯一直都在帮我排忧解难。大家伙每个人都很帮忙。"

"很好,任何时候你只要需要我,我马上就能回去。只要你一句话。"

"谢谢你,戴维。也许现在不需要,不过总有一天会需要的。"

在他的孩子出生的时候,谁能猜得到,最后他得爬到她面前去求她收留自己?

在超市购物的时候,他发现自己正排在伊莱恩·温特后面,之前他所在的那个系的主任。她买了满满一购物车的东西,他则只是提着个购物篮。他跟她打招呼,她惊惶失措地回应了一声。

"没了我以后,系里的情况怎么样了呀?"他尽其所能兴高采烈地问道。

非常之好——这才是最坦率的回答:没了你,我们过得非常之好。可她太客气了,说不出这种话来。"哦,勉勉强强,马马虎虎,就跟从前一样。"她含含糊糊地回答道。

"你们有没有再招聘新人?"

"我们雇用了一个新人,是合同制的。一个年轻人。"

我已经见过他了,他可以这样回答。一个彻头彻尾的小无赖,他可以再补充道。不过他也是很有教养的。"他的专业是什么?"结果他这么问道。

"应用语言研究。他是语言学习方向的。"

那些诗人们到此为止,那些死去的大师们到此为止了。不过他必须说,这些人也并没有成为他的好向导。Aliter①,他也没有好好听他们的话。

排在他们前面的那个女人正不急不忙地付着款。伊莱恩还有时间再问下一个问题,那应该是:那你过得怎么样呢,戴维?而他应该回答:非常好,伊莱恩,非常好。

"你要不要在我前面先结?"她指着他的购物篮却问了这么一句,"你就这么点东西。"

"这可绝对不行,伊莱恩。"他回答道,然后有点幸灾乐祸地看着她把要买的东西一样样地往柜台上放:不光是面包、黄油这样的必需品,还有一个独居女人犒劳自己的各种小零食——全脂冰淇淋(内含真杏仁、真葡萄干)、进口的意大利曲奇、巧克力条——还有一包卫生巾。

她用信用卡付的账。她在隔离栏的外面冲他挥手告

---

① 拉丁语:不过呢,再者说。

别。如释重负的神情溢于言表。"再见!"他越过收银员的脑袋冲她喊道,"代我向各位问好!"她头都没回。

照他最初的构想,歌剧的中心人物应该是拜伦勋爵及其情妇圭乔利伯爵夫人。在拉文纳令人窒息的夏日溽暑中身陷圭乔利的别墅动弹不得,同时又受到特蕾莎那妒火中烧的丈夫暗中的监视,这两个人只能在暗沉沉的起居室里漫步游荡,歌唱他们那备受阻隔的激情。特蕾莎觉得自己就像个囚徒;她的怨愤在心里郁积燃烧,不断地催促拜伦把她强行带走,开始一种全新的生活。而拜伦呢,则满怀疑虑,尽管他异常谨慎,从不把它们说出来。他怀疑,他们之间此前那种心醉神迷的状态恐怕再也无法重来了。他的人生已经停滞不前;他已经隐隐地开始向往一种宁静的退隐生活;由于他被人神化,由于他的早死,他并没有做到这一点。特蕾莎那激越高亢的咏叹调无法再激起他内心的任何火花;他自己的声线,黑暗阴郁,回旋往复,绕过她、穿过她、越过她。

他原本是这样构思的:作为一部有关爱与死的室内剧,剧中主角是一个热情洋溢的年轻女人和一个曾经热情洋溢,如今已经不再那么热情洋溢的年长些的男人;情节的发展背后伴以复杂的、令人不安的音乐,唱词使用英语,又不断地拉向一个想象中的意大利。

从形式上来说,这个设想并不坏。几个人物之间相互构成很好的平衡:陷入困境的情侣,被抛弃的情妇捶打着窗户,醋意大发的丈夫。那座别墅也很不错,拜伦的几只宠物猴子慵懒地在枝形吊灯上晃荡,孔雀在华丽的那不勒斯家

232

具中四处乱窜,完美地混合了永恒与衰朽。

然而,先是在露西的农场,现在又在这儿,这个设计一直都没能深获他的内心。这里面有种构思不当的东西,某种并非发自他内心的东西。一个女人对着星星抱怨,仆人们的暗中监视害得她和她的情人不得不躲进杂物间里释放他们的欲望——有谁在乎?他能为拜伦找到唱词,可是这位由历史遗赠给他的特蕾莎——年轻、贪婪、任性、暴躁——却和他梦想中的音乐匹配不上:他用内在的耳朵隐隐约约听到的那种其和声既像秋日一样丰富成熟,又有一道嘲讽的镶边的音乐。

他尝试着另辟蹊径。放弃了他已经写成的那几页笔记,放弃了那对冒失、早熟的新婚夫妇以及被她俘虏的那位英国老爷,他尝试着开始描写已经中年的特蕾莎。这个全新的特蕾莎是个矮胖的寡妇,和她年迈的父亲一起住在甘巴别墅,负责管理家政,把钱袋攥得紧紧的,还要随时留心用人们,以防他们偷家里的糖。在这个新的版本中,拜伦早已不在人世;唯一可能使特蕾莎成为不朽的,以及她那些孤寂的夜晚唯一的慰藉,就是她保存在床底下的那满满一箱书信和信物,她称之为她的 reliquie①,直到她死后,她那些侄孙女们才应该郑重地打开,满怀敬畏地细细研读审视。

这就是他一直在找寻的女主角吗?一个上了年纪的特蕾莎将俘获处在现在这种心境下的他的内心吗?

时光的流逝对于特蕾莎并不友善。以她现在沉重的胸

----

① 意大利语:圣骨,圣物。

部、矮壮的躯干、粗短的双腿，她看起来更像个农民，一个 contadina①，而不像是个贵族。那曾让拜伦倾慕已极的肤色已经是红彤彤一片；一到了夏天，她就备受哮喘的折磨，这让她的每次呼吸都变得无比艰难。

拜伦在写给她的信中先是称她为我的朋友，继而是我的爱人，最后是我永远的爱人。可是也存在与此大异其趣的书信，她没法得到并付之一炬的书信。在那些写给他的英国朋友们的信里，拜伦轻薄地将她列为他在意大利的战利品之一，取笑她的丈夫，提到另外几个和他睡过觉的她同一个社交圈子里的女人。在拜伦去世以后的这些岁月里，他的朋友们已经写出了一部又一部回忆录，都利用到他的这些书信。依照他们的说法，拜伦在从她丈夫手里征服了年轻的特蕾莎以后，很快就对她产生了厌烦；他发现她头脑空空；他仍留在她身边完全是出于责任感；而他之所以扬帆前往希腊并最终死在那里，就是为了能从她身边逃走。

他们的肆意诋毁伤透了她的心。她和拜伦相依相伴的那几年是她一生中的顶点。拜伦对她的爱是唯一能使她鹤立鸡群的凭借。没了他，她什么都不是：一个韶华已逝的女人，没有前途，在单调的外省小镇蹉跎岁月，只和她的几个女性朋友相互走动一下，年迈的父亲腿疼的时候还要帮他按摩，夜里独枕难眠。

他能在自己内心里面找到对这个平凡而又平庸的女人的爱吗？他对她的爱足以让他为她写一套完整的音乐吗？

---

① 意大利语：农妇。

如果他不能，他还能做什么？

他回到了现在看来应该是开场的那一幕。又一个闷热的夏日就要结束的时候。特蕾莎站在她父亲家二楼上的一扇窗户前，目光越过窗外罗马涅①的沼泽和矮松林，投向阳光闪耀的亚得里亚海。序曲结束；一阵静默；她深吸一口气。Mio②拜伦，她唱道，她的声音因哀伤而微颤。一支单簧管做出回应，渐弱，沉寂。Mio拜伦，她又叫道，更为强烈。

他在哪里，她的拜伦？拜伦已经不复存在了，这就是答案。拜伦在幽冥中徘徊。她也已经不复存在了，他爱过的那个特蕾莎，那个无比欢欣地献身于飞扬跋扈的英国人的金黄色鬈发的十九岁姑娘，那个在他激情宣泄过后让他躺在她赤裸的胸口沉沉睡去、深沉呼吸，用指尖轻抚他额头眉角的姑娘，也已经不复存在了。

Mio拜伦，她第三次唱道；然后从某一个地方，从阴间的地穴深处，一个声音做出了回应，悠悠荡荡、虚无缥缈，一个鬼魂的声音，拜伦的声音。你在哪里？他唱道；接着就是一个她不愿意听到的词：secca③，干涸。它已经干涸了，那万物的源泉。

拜伦的声音是如此微弱，如此颤抖，特蕾莎不得不把他的话语再唱还给他，一呼一吸地帮他唱出来，让他起死回

---

① 罗马涅(Romagna)，意大利的一个历史区域，大约相当于现今北意大利的埃米利亚-罗马涅地区(Emilia-Romagna)的东南部分。
② 意大利语：我的。
③ 意大利语：干枯，干涸。

生:她的孩子,她的男孩。我在这里,她唱道,拉住他,救他免于沉沦地府。我就是你的源泉。你还记得我们是如何同去阿尔夸①的泉源的吗? 一起,你和我。我当时是你的劳拉。你还记得吗?

自此以后的情节肯定是这样的:特蕾莎把声音赋予了她的情人,而他,这个身在那幢被人洗劫一空的房子里的男人,把声音赋予了特蕾莎。只能由瘸子来帮跛子,在没有更好的办法的情况下。

尽其所能地迅速工作,紧紧抓住特蕾莎,他力争把开篇的几页歌词草拟出来。把那些词句落实到纸面上,他告诉自己。一旦迈出了第一步,后面就全都容易多了。然后他将有充足的时间来遍索那些音乐大师——遍索格鲁克②,比如说——来激发旋律,也许——谁知道呢?——同时也激发灵感。

可是渐渐地,当他开始日复一日地都和特蕾莎以及死去的拜伦生活在一起的时候,他清楚地感觉到,那些偷来的歌曲已经相形见绌,这两个人物要求为他们所独创的音乐。而且,令他大感意外的是,一点一滴地,那音乐居然开始出现了。有时候,还没等他想好歌词的内容,乐句的轮廓已经

---

① 阿尔夸·彼特拉克(Arquà Petrarca),意大利东北部帕多瓦省的一个城镇和自治市,因文艺复兴时期的大诗人彼特拉克在此度过了他一生中的最后四年(1370—1374),在一八七〇年,这个城镇将彼特拉克的名字正式加在了镇名之后。

② 格鲁克(Christoph Willibald von Gluck,1714—1787),德国作曲家,倡导歌剧革新,主张音乐服从戏剧,作品有歌剧《俄尔甫斯与欧律狄刻》《阿尔西斯特》等。

浮现在脑海中；有时候，是歌词在呼唤韵律和节奏；有时候，一个旋律的影子已经有好几天在他听觉的边缘徘徊盘旋，然后突然间就明朗起来，令人欣喜过望地完全展现出来。而且，当戏剧情节开始逐步展开以后，它进而在呼唤与它自己相协调的音乐转调和变调，而这些转调和变调，他感觉在他尚不具备足够的音乐素养能够认识到它们以前，就已经存在于他的血液中了。

在钢琴上，他开始把零散的构思拼成一体，并把配乐的开始部分写下来。可是钢琴的声音中有某种东西却一直成为他的阻碍：太圆润、太物质、太丰赡了。在阁楼的一个装满露西的旧书和玩具的板条箱里，他找到了那把怪模怪样的小七弦班卓琴①，是她还是个孩子的时候他在夸马舒②的大街上给她买的。在这把班卓琴的帮助下，他开始将时而悲伤时而愤怒的特蕾莎将唱给她死去的情人听的，以及拜伦将从那幽冥之地以柔弱的声音应和回答她的音乐谱写下来。

在他唱着她的歌词、哼着她的声线，跟随伯爵夫人越来越深地进入她的幽冥之地时，他有些吃惊地发现，他是越来越没办法将她和那把傻乎乎的丁零当啷的玩具班卓琴分开了。原本他梦想着赋予她的那些华美的咏叹调，他已经悄悄地放弃了；而从这里，距离把那个乐器塞到她手里，就只有一步之遥了。特蕾莎已经不再在舞台上高视阔步，现在的她坐在那里，越过窗外的沼泽，朝地狱之门望去，怀里抱

---

① 可能因为班卓琴一般是四弦或五弦，所以说这把七弦班卓琴是"怪模怪样的"。

② 夸马舒（KwaMashu），东部港市德班以北十二公里处的一个镇区。

着那把在她的抒情唱段为自己伴奏的曼陀林;在舞台的一边,身穿齐膝马裤的不显山露水的三重奏(大提琴、长笛和巴松管)则负责填满幕间休息的时间,或者在一段段咏唱之间加入简短的评述。

坐在他自己的书桌前,望着窗外杂草丛生的花园,他惊叹于这把小小的班卓琴居然教给他这么多东西。六个月前,他还以为自己在《拜伦在意大利》中的虚拟位置应该介于特蕾莎和拜伦之间:介于渴望延长那个激情洋溢的肉体的夏天以及不情愿地记起湮灭不闻的长眠之间。可是他错了。归根结底,向他发出呼唤的并不是情色,也不是哀伤,而是喜剧性。他在这部歌剧里既不是特蕾莎,也不是拜伦,甚至不是他们两者的某种混合:吸引他的是那音乐本身,是班卓琴弦上拨弄出的单调、尖细的丁零当啷声,那声音拼命要从那可笑的乐器上展翅高飞,却又不断地被拽了回来,就像钓线上不断挣扎的一条鱼。

原来这就是艺术,他暗想,而它就是这样来完成其工作的!多奇怪!多迷人!

他整天整天地深陷入于拜伦和特蕾莎之中,就靠黑咖啡和早餐麦片过活。冰箱是空的,床都没铺;树叶从破窗洞里飘进来,在地板上直打旋。没关系,他想:就让死人埋葬他们的死人吧。

我从诗人那里学习爱,拜伦用他那嘶哑的单调声音唱道,九个音节在 C 自然大调上;可是生活,我发现(降半音到 F 大调),却是另一回事。丁—零—当,班卓琴的琴弦奏道。为什么,哦,为什么你要这么说?特蕾莎用长长的连音责备地唱道。丁—零—当,班卓琴奏道。

她想被爱,特蕾莎,被永生永世地爱;她想能被提升到昔日的那些劳拉和弗洛拉①之列。而拜伦呢?拜伦将至死都对她忠贞不渝,不过他承诺的也就这么多。就让两人永结同心,直到其中一人离开人世。

我的爱,特蕾莎唱道,响亮地吐出她在诗人的床上学到的这个圆润的英语单音词。丁零,琴弦应和道。一个恋爱中的女人,沉溺于爱中;一只屋顶上的猫,在嚎叫;当灵魂将它的渴望飞掷到九天的时候,复合蛋白质在血液中翻滚,使性器官膨胀起来,使掌心冒汗、声音变得浑厚。索拉娅和其他那些女人就是干这个的:像吸走蛇毒一样将复合蛋白质从他的血液里吸光,留下一个头脑清醒、身体干涸的他。不幸的是,在拉文纳她父亲家里的特蕾莎,却没有人来把她体内的毒液吸出来。来到我身边,mio 拜伦,她叫道:来到我身边,爱我!而拜伦,被从生命中放逐出去,苍白如幽灵的拜伦,嘲弄地回应道:离开我,离开我,不要来烦我!

多年前,他在意大利小住的时候,他特意去过拉文纳和亚德里亚海岸线中间的那片森林,一个半世纪以前,拜伦和特蕾莎曾经常在那儿骑马溜达。肯定就在这些树木之间的某个地方,那个英国人第一个撩起这位年方十八的迷人精、另一个男人的新娘的裙裾。他明天就能飞往威尼斯,赶上一班前往拉文纳的火车,沿着古老的马道走上一遭,经过那同一个地方。他正在创造音乐(或者是音乐正在创造着他),可他并没有在创

---

① 拜伦之前的那些情人。

造历史。在满地的松针上,拜伦拥有了他的特蕾莎——"羞怯得像只小羚羊,"他这么称呼她——把她的衣服揉得乱七八糟,把沙子弄到了她的内衣里(与此同时,那两匹马一直都漠不关心地站在一边),从这时候开始,特蕾莎的内心生出了一种激情,使得她在余生的岁月中狂热地对月哀号,也让他开始哀号,以他自己的方式。

特蕾莎引领;他一页又一页地跟随。然后有一天,从黑暗中突然又冒出了另一个声音,一个他此前从没听到,也从没指望能够听到的声音。从话语中他知道那应该属于拜伦的女儿阿莱格拉;可是它到底是从他内心的什么地方冒出来的? 你为什么要离开我! 快来接我! 阿莱格拉叫道。热死了,热死了,热死了! 她以属于自己的节奏抱怨道,不断地打断那对情人的倾诉。

对于这个净给人添麻烦的五岁小姑娘的呼喊,没有人回应。既不可爱,又没有人爱,被她那著名的父亲所忽视,她被从这只手传递给那只手,最后被交给修女们加以照管。热死了,热死了! 她在修道院的床上哀鸣,她在那儿身染 la malaria①,奄奄一息。你为什么忘了我?

她父亲为什么不回应? 因为他已经活够了;因为他宁愿回到他所属的地方,在死亡的彼岸,沉入古老的安眠。我可怜的小宝贝! 拜伦唱道,声音颤抖,无可奈何,轻得她都听不见。坐在一边阴影中的三重奏,演奏着蟹行般的主题,一行上升,一行降落,那是拜伦的主题。

---

① 意大利语:疟疾。

二十一

　　罗莎琳德打来电话。"露西说你回城里来了。你为什
么没和我联系?""我现在还不适合进行社交。"他回答。
"你什么时候适合过?"罗莎琳德讥讽地道。

　　他们在克莱尔蒙特①的一家咖啡馆碰面。"你瘦了,"
她评论道,"你的耳朵怎么啦?""没什么。"他回答,不想再
多费唇舌。

　　他们说话的时候,她的目光不断地回到他那个扭曲变
形的耳朵上。他很确定,如果她不得不摸一下的话,她肯定
会厌恶得浑身一哆嗦的。她可不是那种心地善良的天使。
他最美好的记忆仍旧是他们在一起的最初那几个月:德
班②那蒸笼般湿热的夏夜,汗水把床单都给湿透了,罗莎琳
德那修长、苍白的肉体在一阵阵很难说是痛苦还是快乐的
悸动中扭来扭去。两个感官主义者:当初把他们维系在一
起的就是这个,现在也还是。

　　他们谈到露西,谈到农场。"我还以为她有个朋友和

────────────

　　① 　克莱尔蒙特(Claremont),位于开普敦南郊,是一个重要的商业和住
　　　　宅区。
　　② 　德班(Durban),南非东部港市,最繁忙的港口。

241

她一起住呢，"罗莎琳德道，"格蕾丝。"

"海伦。海伦回约翰内斯堡了。我猜她们是彻底分手了。"

"露西一个人在那么个荒凉的地方安全吗？"

"不，她不安全，她要是觉得安全那才是发疯呢。可她就是要继续住在那儿。这对她已经变成了名誉攸关的大问题。"

"你说你的车被偷了。"

"那是我的错。我本该更小心一点的。"

"我忘了告诉你了：我听说你受审的情况了。内情。"

"我受审？"

"你的调查，你的质询，随你怎么叫吧。我听说你的表现不佳。"

"哦？你怎么会听说的？我还以为那是保密的呢。"

"那不重要。我听说你没给人留下什么好印象。你太固执，太心存戒备了。"

"我可不是想给人留下什么印象的。我是在捍卫一个原则。"

"也许是这样吧，戴维，不过你肯定也知道，现如今这些审讯都不是事关什么原则问题的，而是事关你在多大程度上能让人接受你。根据我的消息来源，你给人留下的印象很不好。你那是在捍卫什么原则呢？"

"言论自由。保持沉默的自由。"

"听起来真伟大。可你一直就是个欺骗自己的高手，戴维。既是自欺又是欺人的高手。你肯定你这次就不是被人抓了个措手不及吗？"

他没上这个钩。

"反正不管你要捍卫的原则是什么，对你的听众来说它都太深奥了。他们认为你只是在混淆视听。你本该事先找个人指导指导你的。钱的事情你打算怎么办？他们剥夺了你的退休金了？"

"我缴存的部分可以要回来。我打算把房子卖掉。一个人住太大了。"

"你怎么来打发时间呢？想再找份工作吗？"

"我不这么想。我现在忙得很。我在写东西。"

"写书？"

"一出歌剧，事实上。"

"歌剧！很好，这倒是个全新的开始。希望能让你赚上一大笔钱。你会搬去和露西一起住吗？"

"写歌剧只是个业余爱好，偶尔涉猎一下。钱是赚不到的。不，我不会搬去和露西一起住。那不是个好主意。"

"为什么不？你和她不是一直都处得很好吗？发生什么事情啦？"

这问题未免过于多管闲事了，不过罗莎琳德是从来都不惮于多管闲事的。"你和我在一张床上睡了整整十年，"有一次她曾这么说——"你干吗还要神神秘秘的，有事瞒着我呢？"

"露西和我仍然相处得很好，"他回答道，"可还没好到可以一起生活的程度。"

"这就是你的生活方式。"

"没错。"

一阵沉默，两个人正从各自的角度在思索他的生活方式。

"我见到你的女朋友了。"罗莎琳德道，换了个话题。

"我的女朋友？"

"你的小情人。梅拉妮·伊萨克斯——是叫这个名字吧？她在码头剧院的一出戏里演了个角色。你不知道吗？我能看得出你为什么会迷上她。又大又黑的眼睛。黄鼠狼一样娇小的身段。正是你喜欢的那一款。原本你肯定盘算着这不过是你又一次纵情声色的机会，你的又一个小过失。可是看看你现在这副样子。你已经把你的生活全都给抛弃了，可是为了什么呢？"

"我的生活并没有被抛弃，罗莎琳德。讲点道理。"

"但就是被抛弃了！你已经失去了你的工作，你的名字已经被玷污，你的朋友们都躲着你，你就像个乌龟一样藏在托伦斯路上不敢露头。那些连给你提鞋都不配的人现在都在取笑你。你的衬衣都没熨过，鬼知道是谁给你剪的那个头发，你已经——"她终止了她的长篇大论，"你最终会成为那些可怜的老头子，整天围着垃圾箱转悠。"

"我最终会埋在地下的一个洞里，"他说，"你也一样。这是我们所有人的归宿。"

"够了，戴维，我本来就够心烦的，我可不想跟你争吵。"她收拾起她的大包小包，"等你什么时候腻味了面包和果酱以后，就给我打个电话，我来给你做顿饭。"

听到梅拉妮·伊萨克斯的名字,又让他心神不宁起来。在这方面他是从来不会拖泥带水的。一桩情事结束以后,他就会把它抛在脑后。可是在和梅拉妮的这件事上,还有些没有结束的东西。在他内心深处,仍旧保留着她的气味,一个性伴侣的气味。她也还记得他的气味吗?正是你喜欢的那一款,罗莎琳德这么说,她是知道得很清楚的。要是他们再次见面的话,结果会怎么样,他和梅拉妮?会有一丝情感的涟漪,会有一个神示表明他们之间的情事还没有走到头吗?

然而,这种重新向梅拉妮示好的念头本身就是发疯。她为什么要和一个已经被定罪为她的迫害者的人说话?再者说,她又会怎么想他呢——这个耳朵滑稽、头发蓬乱、衣领皱巴巴的傻瓜?

克洛诺斯①与哈耳摩尼亚②的婚姻:整个透着不自然。一旦把所有漂亮的言辞尽数剥去,之所以组织那次审判,目的就是为了要惩罚这个。受审的就是他的生活方式。审判的就是这种不自然的行为:传播衰老的种子、疲惫的种子、不再活跃的种子,contra naturam③。如果老男人霸占了年轻女人,那这个物种的将来会成为什么样子?说到底,这个案子检举起诉的就是这个。有一半的文学作品写的就是这

---

① 克洛诺斯(Cronus),希腊神话中天神乌拉诺斯与大地女神盖娅之子,主神宙斯之父,属于提坦诸神。曾推翻其父的王位,统治宇宙,后被其子宙斯废黜。

② 哈耳摩尼亚(Harmonia 或 Harmony),希腊神话中美神阿佛洛狄忒与战神阿瑞斯之女,腓尼基王子卡德摩斯之妻,象征和平与秩序。

③ 拉丁文:违背自然。

个：年轻女人挣扎着从老男人的重压下逃离出来，为的是整个物种的未来。

他叹了口气。年轻人搂抱在一起，漫不经心地沉溺于肉感的音乐中。这里没有老年人待的地方。他似乎花了大量的时间用来叹息。遗憾啊：以一个令人叹惋的音符离开这个年轻人的世界。

直到两年前，码头剧院还是个冷藏库房，猪和牛的尸体被悬挂在里面等着被运到海外去。现在成了一个时髦的娱乐场所。他到得很晚，在座位上坐下的时候灯光正在转暗。"一炮而红的剧目，应大众要求重新上演"：这是《环球美发厅里的日落时分》新一轮演出海报上的宣传语。布景更加时髦了，导演更加专业了，换了一个新的男主角。尽管如此，他仍觉得这出戏的幽默太粗鲁，政治意图太直露，就跟之前一样难以消受。

梅拉妮仍旧扮演格洛莉亚，那个见习美发师的角色。她在金色锦缎紧身裤袜外面套一件粉红的宽松长衫，脸上化着姹紫嫣红的妆容，头发一圈圈盘在头上，脚蹬高跟鞋，在舞台上有点跟跟跄跄。她说的台词全都可想而知，不过时机掌握得倒是恰到好处，带着点哼哼唧唧的开普敦口音。总体来说，她比以前更加自信了——事实上，她把角色演绎得相当不错，绝对是有天分的。莫非在他离开的这几个月里，她已经成长了，已经找到了自我？凡是没办法杀死我的，都会使我更加强大。也许那次审判也是对她的一次审判；也许她也承受了很多痛苦，并最终挺了过来。

他真希望他能得到一个神示。要是有了这么个神示，他就知道该怎么做了。如果，比如说，一股隐秘的冷火突然把她那身荒唐的衣服全部烧光，她作为一个只面向他的神启的秘密站在他面前，就像在露西从前的房间里那最后一个夜晚一样赤裸而又完美。

和他坐在一起的那些度假的游客，一个个红光满面，舒心惬意地一身肥肉，这出戏他们看得津津有味。他们已经喜欢上了梅拉妮演的这个格洛莉亚；对那些近乎淫秽的笑话咯咯直乐，在台上的角色们相互侮辱谩骂的时候哄堂大笑。

虽然他们都是他的同胞，在他们中间他却感觉格格不入，觉得自己简直像个冒牌货。然而，当他们因为梅拉妮的台词而哈哈大笑的时候，他内心却忍不住会涌起一阵自豪。我的！他真想转身跟他们这么说，就像她是他的女儿一样。

多年前的一桩记忆突然毫无征兆地浮现在眼前：当时他在特龙普斯堡①外 N1 公路上碰到的一个搭车客，一个二十来岁独自旅行的女人，一个来自德国的游客，身上晒得通红，一身的尘土。他们把车一直开到陶斯河②，在一家旅馆住下来；他请她吃了饭，和她睡了觉。他记得她那修长、结实的双腿；他记得她一头非常柔软的头发，在他的手指间就像羽毛一样轻盈。

---

① 特龙普斯堡（Trompsburg），自由邦省的一个农业小镇，位于连接约翰内斯堡和开普敦的主干道 N1 公路旁。
② 陶斯河（Touws River），西开普省的一个铁路小镇，位于同名的陶斯河畔，在开普敦东北一百六十公里处。

在一阵突然而又无声的喷发中,他仿佛坠入了一个醒着的梦境,他在两个大陆上曾经认识的那些女性的形象喷涌而下,有一些因为时间过于久远,他几乎都认不出了。就像风吹树叶,匆忙杂乱,她们飘过他的面前。一个挤满了人的美丽原野①:有几百个生命全都和他的生命纠缠在一起。他屏住呼吸,希望这个幻象能继续下去。

她们后来都怎么样了,所有这些女人,所有这些生命?是否也有这样的时刻,她们,或者她们中的某些人,也会毫无征兆地突然沉入记忆的海洋?那个德国姑娘:有没有可能就在这一刻,她也正想起在南非的路边给她搭便车,并共度了一夜的那个男人?

受益匪浅:这就是当初那些报纸挑出来大加嘲弄的那个词。溜出这么个词来,在那种情况下,的确是够傻的,可是现在,此时此刻,他却会全力支持这种说法。从梅拉妮,从陶斯河的那个姑娘;从罗莎琳德、贝芙·肖、索拉娅:从她们当中的每个人那里他都受益匪浅,还有其他的那一些,即便是那些最微不足道的,即便是那些失败当中。就像一朵花在他胸口绽放,他心里涨满了感激之情。

这样的时刻到底是从哪里来的?无疑是一种催眠;可又该如何解释呢?如果是有人在引领着他,那引领他的又是哪一位神祇?

戏还在缓慢而又单调地继续往下演。已经来到梅拉妮

---

① 出自中世纪英格兰诗人朗格兰(William Langland,约1330—约1386)的著名寓言体长诗《农夫皮尔斯》。

把她的扫帚缠进电线里的那一场。镁光灯猛地一闪，整个舞台突然陷入一片黑暗。"耶稣基督,*jou dom meid*①!"美发师尖叫道。

在他和梅拉妮之间隔了有二十排座位,可是他希望她能在这一刻,越过这段距离,嗅到他的气味,嗅到他的思想。

有样东西轻轻打在他头上,把他唤回到了现实世界。稍过片刻,又有一样东西从他身边飞过,打在他前面的座位上:是个弹珠大小的小纸团。第三颗打在他脖子上。毫无疑问,他就是袭击的目标。

他应该转过头去怒目而视。谁干的?他应该喝问。要么就干脆定定地目视前方,装作根本没注意到。

第四个小纸团打在他肩膀上,弹到了空中。邻座的那人不解地偷瞄了他一眼。

舞台上的情节仍在发展。美发师悉尼正在打开那个性命攸关的信封,大声地读出房东的最后通牒。这个月底前他们必须交齐拖欠的租金,做不到的话,环球美发厅就得关门大吉。"我们该怎么办?"洗头妹米丽亚姆哀叹道。

"嗤——"他背后传来嘲弄的嘘声,声音很轻,再前面的观众就听不见了。"嗤——"

他转过头去,有一个小纸团正打在他太阳穴上。靠着后墙站在那儿的,正是瑞安,那个戴着耳环、留着山羊胡的男朋友。两人的目光交汇在一起。"卢里教授!"瑞安嗓音嘶哑地低声道。他的行为虽然非常粗暴,他整个人却显得

---

① 荷兰语:你这个蠢丫头。

泰然自若。他唇角带着一丝微笑。

戏仍在继续，不过他周围却起了一阵非常不安的骚动。"嘘——"瑞安再次嘘道。"安静!"和他隔了两个座位的那个女人直接对他喝道,尽管他没发出任何声响。

他得从五对膝盖前面挤过去("对不起……对不起"),承受气愤的眼神和恼怒的低语,才能来到过道,找到出去的路,来到刮着风、没有月亮的夜色中。

他后面有个声响。他转过身。香烟的烟头一亮:瑞安跟在他后面也进了停车场。

"你打算解释一下吗?"他厉声道,"你打算解释一下这种幼稚的行为吗?"

瑞安吸了一口烟。"只是帮你一个忙,教授。难道你还没有接受教训?"

"我的教训是什么?"

"和你自己的那类人待着去。"

你自己的那类:这男孩有什么资格告诉他,他属于哪一类? 对于那种驱使完全陌生的两个人投入对方的怀抱,使他们抛弃所有的审慎,变得无比亲近、亲昵的力量,他知道什么? Omnis gens quaecumque se in se perficere vult①。生殖的种子被驱使着要完善它们自己,深深地扎进女人的身体,不顾一切地要将未来带入现实。驱使,被驱使。

瑞安在讲话。"别招惹她,伙计! 梅拉妮要是看见你,会往你的眼睛里吐唾沫的。"他把香烟丢下,逼近一步。在

---

① 拉丁语:每个人都希望能完善自我。

如此明亮的星光下,人们还以为他们的身上着了火,两人面对面站着。"去为你自己另找一种生活吧,教授。相信我。"

他驾车沿着绿点的主干道慢慢往回开。往你眼睛里吐唾沫:这他倒是没料到。他扶着方向盘的手在哆嗦。生存的打击:他必须学着更为轻松地接受它们。

拉客的妓女们三三两两地出来了;在一处红绿灯旁边,其中的一个引起了他的注意,一个身穿极短的黑色皮裙的高个子姑娘。干吗不呢,他暗想,在这个神启之夜?

他们把车停在信号山①山坡上的一个死胡同里。那姑娘喝醉了,或者也可能是嗑了药:他连一句连贯的话都问不出来。尽管如此,她对他的服务仍旧一点都没让他失望。事后,她把头伏在他的大腿上,睡了过去。她比在路灯下看起来的样子还要年轻,甚至比梅拉妮都年轻。他把一只手放在她头上。那哆嗦已经停止了。他感到昏昏欲睡、心满意足;还有一种奇怪的想要保护这个姑娘的冲动。

原来就需要这么点东西! 他暗想。我怎么会把这个都忘了呢?

不是个坏人,也不是什么好人。不冷漠,不过也不热情,即便在他最热情的时候。按照特蕾莎的标准一点都不热情;即便按照拜伦的标准也是一样。缺少火。这就是对

---

① 信号山(Signal Hill),又名"狮子臀"(Lion's Rump),为开普敦的一座地标性平顶山,紧挨着"狮子头"(Lion's Head)和桌子山。

他的定论吗,由宇宙及其洞察一切的天眼对他做出的盖棺定论?

　　那姑娘动了动,坐了起来。"你要把我带到哪儿去啊?"她咕哝道。

　　"我要把你带回我遇见你的地方去。"

二十二

　　他和露西一直保持电话联系。交谈中她竭力向他保证
农场里一切都好,他也尽力给她留下对此他并不怀疑的印
象。她在花圃里辛勤工作,她告诉他,春季作物现在正在开
花。狗舍也正在复兴。她已经有了两只全托的狗,希望能
再多几只。彼得勒斯正忙着盖房子,不过并没有忙到顾不
上帮她的程度。肖夫妇经常来看她。不,她不需要钱。

　　可是露西语气里有种东西总让他感觉放心不下。他给
贝芙·肖打了个电话。"我也只能来问你了,"他说,"露西
到底怎么样?说实话。"

　　贝芙·肖表现得非常谨慎。"她都跟你说了什么?"

　　"她跟我说一切都很好。可她说起话来就像是僵尸。
她说起话来就像是在使用镇静剂。是不是?"

　　贝芙·肖逃避了这个问题。不过,她说——她像是在
非常小心地挑选使用的字眼——情况已经有了一些"进
展"。

　　"什么进展?"

　　"我不能告诉你,戴维。别逼我。这种事露西一定得
亲自跟你说。"

他给露西打了个电话。"我得去一趟德班，"他说，撒了个谎，"那儿有个可能的工作机会。我能在你那儿中途停留个一两天吗？"

"贝芙和你说过什么吗？"

"贝芙和这件事没关系。我能过来吗？"

他飞到伊丽莎白港，雇了辆车。两小时以后他从大路拐上通往农场的小路。露西的农场，露西的那块土地。

这也是他的土地吗？感觉并不像他的土地。尽管他在这儿待了不短的时间，感觉上却像是异国他乡一样。

已经有了些变化。一道铁丝网，竖得并不怎么地道，现在标志着露西和彼得勒斯的地产的分界。在彼得勒斯那一边，有一对骨瘦如柴的小母牛在那儿吃草。彼得勒斯的房子已经成为现实。灰色的毫无特色的建筑，十分显赫地矗立在老农舍的东面；每天早上，他猜想，它肯定会投下很长的阴影。

露西穿了件没形没状的宽松长衫前来开门，也可能是件睡衣。她原来那副健康轻快的神气全都不见了。她的面色就跟面团似的，头发也没洗。她回应他拥抱的时候一点热情都没有。"进来，"她说，"我正在沏茶。"

他们一起在厨房的桌边坐下。她倒了茶，递给他一包姜汁饼干。"跟我说说德班的工作机会。"她说。

"这事不急。我到这儿来，露西，是因为我不放心你。你还好吗？"

"我怀孕了。"

"你什么了？"

"我怀孕了。"

"和谁？是那一天吗？"

"是那一天。"

"这我就不明白了。我还以为你已经为此采取了措施，你和你的全科医生。"

"没有。"

"你这话什么意思，没有？你是说你并没有为此而采取措施？"

"我采取了措施。除了你暗示的那一种，我采取了所有合理的措施。可我不会去做流产。我不准备再经历一遍那样的事了。"

"我还不知道你有那样的想法。你从没告诉我你不主张人工流产。再者说，怎么会出现流不流产的问题呢？我还以为你服了奥弗拉①呢。"

"这跟信念没任何关系。我也从没说过我服过奥弗拉。"

"你本可以早点告诉我的。你为什么要瞒着我？"

"因为我没法面对你的又一次爆发。戴维，我不能按照你是不是喜欢我做的事来过我的生活。不会再这么做了。你表现得就好像我所做的一切都不过是你的人生故事的一部分。你是主角，我只是个次要角色，一直到故事都进行了一半了这才出场。不，跟你想的正好相反，人们并没有被划分为主角和次要角色。我不是次要角色。我有我自己

---

① 奥弗拉（Ovral），一种口服避孕药。

的生活,对我来说就像你的生活对你来说一样的重要,而在我的生活中,我才是那个做出决定的人。"

又一次爆发?她这本身不就是一次爆发吗?"够了,露西,"他说着,伸手握住她放在桌子上的手,"你是在告诉我,你打算生下这个孩子?"

"是的。"

"那其中一个人的孩子?"

"是的。"

"为什么?"

"为什么?我是个女人,戴维。你认为我讨厌孩子吗?我应该因为孩子的父亲是谁就选择反对这个孩子吗?"

"这已经是众所周知的。预产期是什么时候?"

"五月。五月底。"

"而你决心已定?"

"是的。"

"很好。这让我大为震惊,我承认,不过我会支持你的,不论你的决定是什么。现在我要出去走走了。我们可以稍后再讨论。"

为什么不能现在就讨论?因为他大受震动。因为他很有可能也会爆发。

她不准备,她说,再经历一遍。也就是说,她以前已经做过一次流产了。这是他无论如何都不会猜到的。那会是什么时候呢?她还住在家里的时候?罗莎琳德知道吗,就瞒着他一个?

那个三人帮。三个父亲并成一个。强奸犯胜似抢劫

256

犯,露西这么称呼他们——在这一地区漫游的强奸犯而身兼税吏,袭击女性,纵情发泄他们的暴力快感。不,露西是错的。他们当时不是在强奸,他们是在交配。驱动这一幕的不是快感原则,而是那一副副睾丸,精囊里涨满了渴望完善自己的精液。而现在,你瞧,已经成了孩子!在它不过是他女儿子宫里的一条虫子的时候,他已经称它为孩子了。像那样的种子被赋予生命后,会成为什么样的孩子?那样的种子被灌入女人的身体,不是因为爱,而是出于恨,乱七八糟地掺和在一起,为的是侮辱她,为的是给她打上标记,就像狗撒尿一样。

　　一个没有意识到要有个儿子的父亲:这一切难道就要这样走向结局,他这个世系就要这样走到尽头,就像水渗入土里一样?有谁会想得到!一个就和其他日子一样的日子,晴朗的天空,和煦的阳光,可是突然间一切都改变了,彻彻底底改变了!

　　在厨房外面靠墙站着,他用手捂住脸,他一阵阵地喘息不止,终于痛哭失声。

　　他自己在露西原来的房间里住了下来,她一直都没搬回来。整个下午他都避免和她见面,生怕会说出什么过头的话来。

　　吃晚饭的时候又有一个新发现。"顺带说一句,"她说,"那男孩回来了。"

　　"那男孩?"

　　"是的,就是那个你在彼得勒斯的派对上和他发生过争执的男孩。他现在和彼得勒斯住在一起，给他做帮手。他叫波鲁克斯。"

"不叫穆塞蒂希？不叫纳喀巴雅克？不叫那种很难把音发正确的名字，就只叫波鲁克斯？"

"波—鲁—克—斯。而且戴维，我们能从你那可怕的嘲讽当中喘口气吗？"

"我不知道你这话什么意思。"

"你当然知道。自打我还是个孩子的时候，多少年来你一直就用它来对付我，来羞辱我。你不可能忘记的。算了，波鲁克斯原来是彼得勒斯妻子的弟弟。那意思是不是亲弟弟，我也不知道。反正彼得勒斯对他是负有责任的，家庭的责任。"

"这么一来，一切都开始真相大白了。而现在年轻的波鲁克斯又回到了犯罪现场，而我们却必须表现得就像什么事都没发生过。"

"别上火，戴维，这于事无补。照彼得勒斯的说法，波鲁克斯已经辍了学，又找不到工作。我只是想提醒你他就在这儿。我要是你的话，我就躲得他远远的。我怀疑他哪里是有点不对劲。可是我不能命令他离开这地方，我没这个权力。"

"尤其是——"他没把话说完。

"尤其是什么？说呀。"

"尤其是他还可能是你肚子里的那个孩子的父亲呢。露西，你的处境越来越荒唐了，比荒唐尤甚，简直是险恶。我不知道你怎么就看不出来。我求你了，在一切都还不算太晚的时候赶紧离开这个农场。这是现在唯一理性的选择了。"

"别再叫它这个农场了，戴维。这不是个农场，只是块种东西的地而已——这一点我们都明白。但是不，我不会放弃它。"

他心情沉重地上床睡觉。在露西和他之间，什么都没有改变，什么都没有和解。他们之间恶语相向，就像他根本就没离开过一样。

早上。他翻过新修的栅栏。彼得勒斯的妻子正在那个旧马厩后面晾洗好的衣服。"早上好，"他说，"Molo①。我找彼得勒斯。"

她没正视他的目光，只是懒懒地朝建筑工地那儿指了一下。她的行动迟缓、沉重。她马上就要生了：连他都能看得出来。

彼得勒斯正在给窗户装玻璃。两人见面本该相互寒暄客气一番的，可他没这个心情。"露西跟我说那男孩又来了，"他说，"波鲁克斯。就是袭击过她的那个男孩。"

彼得勒斯把他的刮刀刮干净，放下。"他是我的亲戚，"他说，把那个"亲"字发得特别重，"就因为发生过这样的事，现在我就得跟他说让他离开吗？"

"上次你还跟我说你不认识他。你对我撒了谎。"

彼得勒斯用熏黄的牙齿咬住烟斗，猛力吸了几口。然

---

① 科萨语：你好吗？

后把烟斗从嘴里拿出来,咧开嘴嘿嘿一笑。"我撒谎,"他说,"我对你撒谎。"他又吸了一口,"我干吗非得对你撒谎呢?"

"别问我,问你自己,彼得勒斯。你为什么要撒谎?"

他的笑容消失了。"你走了,你又回来了——为什么?"他挑衅地盯着他,"你在这里没事可做。你来是照顾你的孩子。我也要照顾我的孩子。"

"你的孩子? 现在他成了你的孩子了,这个波鲁克斯?"

"是的。他是个孩子。他是我的家人,是我的人。"

原来如此。不再撒谎了。我的人。如他所希望的最赤裸裸的回答了。如此说来,露西就是他的人了。

"你说那很糟糕,那发生的事情,"彼得勒斯继续道,"我也说那很糟糕。是很糟糕。可是它结束了。"他把烟斗从嘴里拿出来,用烟斗的柄激烈地朝空中指戳着,"它已经结束了。"

"它没有结束。别假装你不知道我是什么意思。它没有结束。恰恰相反,它才刚刚开始。它在我死了、你死了很久以后仍然会继续下去。"

彼得勒斯若有所思地盯着他,没有假装不明白他的意思。"他会娶她,"他最后说,"他会娶露西,只是他现在还太小,还不到结婚的年龄。他还是个孩子。"

"一个危险的孩子。一个小恶棍。一个小走狗。"

彼得勒斯没理会他的辱骂。"是的,他还太小,年纪太小。也许有一天他会娶她,可是现在还不行。我来娶她吧。"

"你来娶谁?"

"我来娶露西。"

他简直不相信自己的耳朵。原来如此,原来这就是他尽在那儿打太极的目的所在:就是为了这个出价,这致命一击!而彼得勒斯就这么稳稳当当地站在他面前,吧嗒吧嗒地抽他的空烟斗,等着他做出答复。

"你要娶露西,"他字斟句酌地说,"给我解释一下你到底什么意思。不,等等,还是别解释了。我可不想听这种东西。这不是我们做事的方式。"

我们:他就要说,我们西方人了。

"是的,我能明白,我能明白,"彼得勒斯道,他真正是在那儿吃吃地窃笑了,"不过我还是要告诉你,你再去告诉露西。然后就都结束了,所有这些糟糕的事情。"

"露西不想结婚。不想和一个男人结婚。这样的选项她是不会考虑的。我没办法把话说得更清楚了。她想要过她自己的生活。"

"是的,我知道。"彼得勒斯道。可能他真的知道。如果低估了彼得勒斯,那他可就太傻了。"可是这里,"彼得勒斯道,"很危险,太危险了。一个女人必须得结婚。"

"我尽量做到不要大惊小怪,"事后他告诉露西,"尽管我简直不相信我听到的这番话。这纯粹是敲诈。"

"这不是敲诈。这一点你弄错了。我希望你没大发雷霆。"

"没有,我并没有大发雷霆。我说我会把他的提议转告给你,就这样。我说,我不认为你会感兴趣。"

"你感觉受到冒犯了吗?"

"因为可能成为彼得勒斯的岳父而感觉受到了冒犯?不。我是感到吃惊,感到震惊,感到目瞪口呆,可是不,并没有感觉受到了冒犯,这一点请相信我。"

"因为,我必须告诉你,这不是第一次了。彼得勒斯一直在给我暗示,已经有段时间了。说我如果成为他那个大家庭的一部分,我就彻底安全了。这不是个玩笑,也不是个威胁。在某种程度上他是认真的。"

"我不怀疑在某种意义上他是认真的。问题是,在哪种意义上? 他意识到你……?"

"你是说,他意识到我的状况了吗? 我还没告诉他。不过我肯定他妻子和他会根据事实推断出来的。"

"那也不会让他改变主意?"

"他为什么要改主意? 那只会使我愈发成为他家庭的一部分。归根结底,他追求的不是我,他追求的是这个农场。这农场就是我的嫁妆。"

"可这实在太荒唐了,露西! 他已经结婚了! 而且,你跟我说过,他还有两个老婆。在这种情况下,你怎么还可能会考虑呢?"

"我觉得你没明白这其中的关节点,戴维。彼得勒斯所提议的,可不是在教堂举行婚礼,然后再去怀尔德海岸①

---

① 怀尔德海岸(Wild Coast),东开普省海岸线的一部分,南起东伦敦市,北至夸祖鲁-纳塔尔省省界。

度蜜月。他是在提议一个联盟，一个交易。我贡献出土地，作为回报我被允许钻入他的羽翼之下，得到庇护。否则的话，他想提醒我，我是没有任何保护的，我就成了一个任人猎捕的猎物。"

"这还不是敲诈吗？那在个人层面上呢？他的提议不包括个人的层面吗？"

"你是想说，彼得勒斯会期望我和他睡觉吗？我不确定彼得勒斯是不是真想和我睡觉，他只表明了上述的他的真实意图。不过坦白说，不，我不想和彼得勒斯睡觉。绝对不想。"

"那我们就不需要再继续讨论了。我这就把你的决定告诉彼得勒斯好吗？就简单地说你不接受他的提议，也不提不接受的缘由。"

"不。等等。在你骑着高头大马趾高气扬地去回绝彼得勒斯之前，先客观地考虑一下我的处境吧。客观上讲我是个孤身女人。我没有兄弟。我有父亲，但他远在天边，而且对这里我面临的这些问题反正也是无能为力。我能向谁去寻求保护，寻求庇护呢？向埃廷格？埃廷格从背后挨一枪只是个时间的问题。实事求是地讲，就只剩下一个彼得勒斯了。彼得勒斯也许不是个大人物，可对我这样渺小的人来说他是足够了。而且至少我还了解彼得勒斯。我对他并不抱什么幻想。我知道我在自讨苦吃以后会是个什么结果。"

"露西，我正在把开普敦的房子卖掉。我准备把你送到荷兰去。再不然，我准备为你提供所需的一切，你可以到某个更安全的地方重新开始自己的生活。考虑一下吧。"

她好像根本没听见他的话。"回到彼得勒斯那里，"她说，"提出以下的条件。就说我接受他的保护。说他对于我们的关系可以随他怎么说，我都不会反对。如果他想让大家知道我成了他的第三个老婆，随他去说。说是他的情妇，也一样。不过这么一来，那孩子也就变成他的了。这孩子就成为他家庭的一部分。至于土地，我会签字把土地转让给他，条件是这房子仍归我所有。我将成为他的土地上的房客。"

"一个佃农。"

"一个佃农。但这房子仍归我所有，我再次重申。未经我的允许，谁都不能进来。包括他在内。我还要保留那些狗舍。"

"这行不通的，露西。在法律上这是行不通的。你知道得很清楚。"

"那你有什么建议？"

她穿着家居服和拖鞋坐在那儿，膝头上放着昨天的报纸。头发直直地垂下来；她已经超重，而且松松垮垮，很不健康。她看起来已经越来越像那些在养老院的走廊里走来走去、嘟嘟囔囔的女人了。彼得勒斯干吗要费这个心思跟她谈什么判？她维持不了多久的：让她去，到时候她就会像腐烂的果实一样掉下来的。

"我已经提出过建议了。而且是两个。"

"不，我不会离开的。去找彼得勒斯，把我说的话告诉他。告诉他我放弃土地。告诉他他可以拥有它，包括地契和所有的法律文书。他会喜欢的。"

一时间两人都没说话。

"多么耻辱,"他最后道,"如此高的期望,到头来落到了这步田地。"

"是的,我同意。是很耻辱。不过也许这是个重新开始的不错的起点。也许这就是我必须学着接受的东西。从最低一层开始。从一无所有开始。不是'一无所有,然而'。是真正的一无所有。手里没有好牌,没有武器,没有财产,没有权利,没有尊严。"

"像狗一样。"

"是的,像狗一样。"

二十三

上午九十点钟。他已经出了门，遛那只斗牛犬凯蒂。出人意外的，凯蒂这次倒是能跟得上他的步伐，要么是因为他比以前走得慢了，要么是因为她更快了。她还和以前一样不断地吸溜鼻子和喘粗气，不过这似乎已经不再会让他感到恼怒了。

他们快到家门口的时候，他注意到了那个男孩，彼得勒斯称其为我的人的那个，正面朝后墙站在那儿。一开始他还以为他在撒尿；然后他才意识到他是正透过浴室的窗户往里窥视，在偷窥露西。

凯蒂已经发出低吠，可那男孩看得太投入，竟没注意到。等他转过身来的时候，他们已经来到了他面前。他的手掌打在了那男孩脸上。"你这头猪！"他叫道，又打了他一巴掌，打得他一个趔趄，"你这头肮脏的猪！"

那男孩与其说是吃痛，不如说是受了惊，拔腿想跑，惶急中把自己给绊倒了。那只狗马上扑了上去。她的牙咬住了他的胳膊肘；她两条前腿稳稳地撑住，用力拖拉，低声嚎叫。他痛得大叫，竭力想挣脱。他伸出拳头去打，可是他的击打缺乏力道，狗根本没理会。

那个字眼仍旧在空中回响：猪！之前他还从没感到如此强烈的愤怒。这小畜生就是欠揍，他真想拿鞭子狠狠地抽他一顿。他这辈子一直都在避免使用的那种措辞，现在突然间显得无比公平正确：给他个教训，让他明白他是什么东西。原来这种感觉是这样的，他暗想！原来做一个野蛮人就是这样的！

他稳稳地、狠狠地踢了那男孩一脚，踢得他往旁边乱爬。波鲁克斯！什么混账名字！

狗换了个位置，爬上男孩的身体，死命拖拽他的胳膊，撕他的衬衣。男孩拼命想把她推开，可她寸步不让。"呀，呀，呀，呀，呀！"他疼得大叫，"我要杀了你！"他喊道。

露西来到了现场。"凯蒂！"她命令道。

狗斜睨了她一眼，并没有服从。

露西跪下来，抓住狗的颈圈，温和而又急切地跟她说话。狗这才很不情愿地松了口。

"你没事吧？"她说。

那男孩疼得直哼哼。鼻孔里直往外淌鼻涕。"我要杀了你！"他喘息道。他像是马上就要哭出来了。

露西把他的袖子撸起来。胳膊上一排狗牙印；眼看着血珠子从深色的皮肤里渗了出来。

"来，咱们去洗一下。"她说。男孩把鼻涕一吸，强忍住眼泪，摇了摇头。

露西只裹了件浴衣。她起身的时候，腰间的带子松开了，她的乳房露了出来。

他上次看到他女儿的乳房，它们还只是一个六岁小姑

267

娘端庄的玫瑰花蕾。现在它们沉重、浑圆，几乎涨满了奶水。一时间一片沉寂。他瞪眼看着；那男孩也瞪眼看着，恬不知耻。怒火再次涌上心头，眼睛蒙上了一层翳。

露西从他们俩面前转过身去，用浴衣把自己裹好。那男孩猛地从地上爬起来，飞快地逃掉了。"我们要把你们全都杀掉！"他喊道。他转过身；故意在土豆的苗床上猛踩了几脚，猫着腰从铁丝栅栏底下钻过去，朝彼得勒斯的家里撤退。虽然还护着一只胳膊，他已经又恢复了那种自以为是的步态。

露西说的是对的。他是有点不对劲，脑子有点不正常。一个年轻人的身体里藏着个暴戾的孩子。不过除此以外还有点什么，这桩事情当中还有些边边角角的地方是他不太明白的。露西这是在干吗？保护这个孩子吗？

露西说话了。"不能再这样下去了，戴维。我能应付彼得勒斯和他的 aanhangers①，我也能应付你，可你们所有的人一起来，我实在是应付不了。"

"刚才他正透过窗户偷看你呢。你知不知道？"

"他心理不正常。他是个心理有问题的孩子。"

"这是个借口吗？ 一个他对你做出那种事来的借口吗？"

露西的嘴唇在嚅动，可他听不见她说了些什么。

"我不信任他，"他继续道，"他非常狡诈。他像只豺狼一样到处嗅来嗅去，寻找害人的机会。从前，我们有一个词

———————————————
　　① 荷兰语：党羽。

来称呼像他这样的人：'缺'。脑子缺智。品行缺德。他应该被关到社会福利院里去。"

"你这只是图一时之口快，戴维。你要是真愿意这么想，也请你免开尊口。再者说，不管你对他有什么样的看法，都无关紧要。他就在这里，他不会化成一缕青烟消失不见的，他就是生活中需要面对的一个事实。"她正对着他，被阳光照得眯着眼睛。凯蒂在她脚边沉重地卧倒在地，轻轻喘息着，为她自己、为她刚才的成就感到高兴。"戴维，我们不能再这样下去了。所有的一切都已经安定下来，所有的一切都已经重获和平，直到你又回来。我必须拥有和平的生活。为了获得和平，我准备去做任何事情，准备做出任何牺牲。"

"我也是你准备做出的那牺牲的一部分吗？"

她耸耸肩。"我没这么说，这是你自己说的。"

"那我马上收拾东西走人。"

那个插曲已经过去好几个钟头了，他的手仍旧因为猛抽的两巴掌而感到刺痛。一想到那个男孩和他的威胁，他就忍不住怒火填膺。与此同时，他又挺为自己感到惭愧的。他绝对应该自责。他没能给任何人任何教训——肯定也包括那个男孩。他所做的一切无非是使自己和露西更加生分。他让她看到了自己无比激动的样子，而很显然，她并不喜欢他这个样子。

他应该去道歉。可他做不到。那会让他看起来没办法自控。波鲁克斯身上有种东西让他一见之下就会怒不可

269

遏:他那丑陋的、迟钝的小眼睛,他厚颜无耻的样子,尤其是想到他就像棵野草一样,居然胆敢把他的根须和露西以及露西的生活紧紧纠缠在了一起。

如果波鲁克斯再次侮辱他的女儿,他就会再揍他一顿。Du musst dein Leben ändern①! 你必须改变你的生活。可是,他已经太老了,做不到从善如流了,他已经太老了,没办法做出改变了。露西也许还能做到对暴风雨屈膝折腰;他做不到了,他的尊严不容许他这么做。

这就是他必须听从特蕾莎的原因。特蕾莎也许是唯一能够拯救他的人了。特蕾莎已经超越了尊严。她面向太阳祖露出自己的乳房;她在用人面前弹奏班卓琴,根本不在乎他们会不会耻笑她。她心怀不朽的渴望,并唱出了她的渴望。她永不会死去。

他来到诊所的时候,贝芙·肖正要离开。他们拥抱了一下,像陌生人一样躲躲闪闪的。很难相信他们曾赤身裸体地躺在对方怀里。

"你这只是来看看呢,还是要待一段时间?"她问。

"需要待多久我就待多久。可我不能和露西住在一起。她和我实在是处不来。我打算去镇上给自己找个住处。"

"真是遗憾。出什么问题了?"

"露西和我之间吗? 没什么,我希望。没什么不能解

---

① 德语,即下文的"你必须改变你的生活"。

决的。问题出在她周围的那些人身上。我一加入，人就变得太多了。太多的人挤在一个太小的地方。就像装在一个瓶子里的蜘蛛。"

他眼前浮现出《地狱篇》里的一个形象：冥河旁的大沼泽里，灵魂就像是蘑菇一样在里面沸腾。Vedi L'anime di color cui vinse l'ira①。那些为怒火所制服的灵魂，正在相互撕咬着对方。真是适合这一罪行的惩罚。

"你说的是那个搬到彼得勒斯家里的男孩吧。我得说，我也很不喜欢他那副德性。可是只要有彼得勒斯在，露西肯定就不会有什么问题。戴维，也许到了你该退后一步，让露西自己去解决问题的时候了。女人的适应能力都挺强的。而且她还年轻。她的生活和土地的距离比你要更近。比我们俩都更近。"

露西适应能力强？他可从没这么觉得。"你总是跟我说我要退后一步，"他说，"要是一开始我就袖手旁观的话，露西现在会是什么情况呢？"

贝芙·肖没吱声。难道在他身上有些东西是贝芙·肖看得见而他本人却看不见的吗？因为动物们都信任她，他是不是也该信任她，让她给他一个教训？动物们信任她，而她却利用这种信任给它们实施了安乐死。这其中又有什么教训？

"要是我真的退后了一步，"他结结巴巴地道，"而农场

---

① 出自《神曲·地狱篇》第七歌，意大利语：现在看看那些为怒火所制服的灵魂吧。

上却又发生了新的灾难,我又怎么能够自处?"

她耸耸肩。"这就是问题的所在吗,戴维?"她轻声问道。

"我不知道。我已经不知道问题到底在哪里了。在露西和我这代人中间,好像已经降下了一道帷幕。我甚至都没注意到那是什么时候降下来的。"

两人之间许久都没再说话。

"不管怎么说,"他继续道,"我是没法和露西在一起住了,所以我正在找个住处。你要是碰巧听到格雷厄姆斯敦有什么合适的房子,就告诉我一声。我来这里主要就是想跟你说一声,我随时都可以来诊所帮忙。"

"那可太好了。"贝芙·肖道。

他从贝芙·肖的一个朋友那儿买了辆载重半吨的皮卡,为此他开了张一千兰特的支票,另一张七千的要到月底才能兑付。

"你打算拿它来干吗?"那人道。

"运动物。狗。"

"后面的车厢上得装些栏杆,防止它们跳出来。我认识个人,他能帮你把栏杆装上。"

"我的狗不会跳的。"

从证照上看,那辆车已经有十二年的车龄,不过发动机听起来转得挺顺畅。而且不管怎么说,他告诉自己,它也不需要万古长存。任何东西都不需要万古长存。

根据《格罗科特邮报》上的一则广告,他在医院旁边的一幢房子里租了个房间。他登记的名字是"鲁里",预付了一个月的房租,和房东太太说他是来格雷厄姆斯敦治病的。他没说是什么病,不过他知道她会认为那是癌症。

他花钱如流水。没有关系。

他在一家野营用品店里买了个浸入式热水器、一个小煤气炉、一个铝锅。拿着它们上楼回房间的时候,他在楼梯上碰到了房东太太。"我们不允许在房间里做饭,鲁里先生,"她说,"以防发生火灾,你知道。"

他那个房间黑暗、憋气、满满登登,床垫高低不平。不过他会适应的,就像他已经适应了很多别的事情一样。

还有另外一位寄宿者,是个退休的教师。他们吃早饭的时候相互问声好,其余的时间就不再说话。吃过早饭后,他就到诊所去,在那儿待上一整天,天天如此,星期天也不例外。

诊所,而不是那个膳宿公寓,变成了他的家。他在诊所后面空落落的院子里给自己搭了个窝,从肖家弄来的一张桌子和一把旧扶手椅,还有一把沙滩伞,用以遮挡毒太阳。他把那个煤气炉搬了来,烧水沏茶或者热热罐头食品:意大利面和肉丸,杖鱼和洋葱。一天喂两次狗;清理狗舍,时不时和它们说说话;其他的时间就看看书或者打打瞌睡,这些事情全都做好了以后,他会拿起露西的班卓琴,拨弄他将为特蕾莎·圭乔利谱写的音乐。

一直到孩子出生,这就将是他生活的内容。

有天上午,他一抬头,发现有三个小男孩正攀在混凝土的围墙上偷看他。他从椅子上站起来;狗开始吠叫;那几个孩子从墙上跳下去拔腿就跑,一边还兴奋地大呼小叫。回到家会有一个多有趣的故事可以讲啊:一个疯老头坐在一群狗中间自弹自唱!

是够疯的。他怎么能够解释——向他们,向他们的父母,向 D 村——特蕾莎和她的情人到底干了什么,值得把他们重新带回到这个世界?

二十四

　　身披白色的睡袍,特蕾莎站在卧室的窗前。她闭着眼睛。这是夜里最黑暗的时刻:她深深地呼吸,吸进风的窸窣,吸进牛蛙的嘶鸣。

　　"Che vuol dir①,"她唱道,声音低得像是耳语——"Che vuol dir questa solitudine immensa? Ed io②,"她唱道——"che sono③?"

　　静默。那 solitudine immensa④ 不做任何回答。就连那角落里的三重奏都像榛睡鼠一样安静。

　　"来吧!"她低语道,"到我身边来,求你了,我的拜伦!"她大张开双臂,拥抱着黑暗,拥抱着它将带来的一切。

　　她希望他乘风而来,把她整个抱在怀里,把他的脸埋在她的乳房中间。要不然,她希望他随着黎明到来,就像太阳神一样出现在地平线上,将温暖的阳光洒落到她身上。不管以什么样的方式,她只是希望他能回来。

---

　　①　意大利语:这是什么意思。
　　②　意大利语:这无边的寂寞是什么意思?而我。
　　③　意大利语:又是谁。
　　④　意大利语,即上文中的"无边的寂寞"。

坐在狗院子里的桌子旁,他倾听着特蕾莎面对黑暗唱出的那音调哀伤、声线陡降的求恳。这个月,特蕾莎度日如年,她伤心难过,她夜不能寐,她满怀期盼、无比憔悴。她一心想得到拯救——摆脱苦痛,摆脱暑热,摆脱甘巴别墅,摆脱坏脾气的父亲,摆脱所有的一切。

她拿起椅子上放着的那把曼陀林。把它像婴儿那样抱在怀里,她又回到窗前。曼陀林在她怀里丁—零一声,非常轻柔,不想把她父亲吵醒。丁—零,那把班卓琴也在非洲那个荒凉的院子里弹响。

只不过是偶尔涉猎一下的玩意儿,他曾对罗莎琳德这么说。那是说谎。这部歌剧不是个业余爱好,不再是了。它日日夜夜都占据了他的全副身心。

然而,尽管偶尔会有些美好的瞬间,事实却是《拜伦在意大利》是不会有什么结果的。因为没有情节,没有发展,只有特蕾莎面向虚空,从心里倾吐出的长长的、欲言又止的抒情曲,时不时被台下拜伦的一声声呻吟和叹息所打断。那嫉妒的丈夫和竞争的情妇都被忘记了,就像是根本就不存在。他内心抒情的冲动也许并没有死灭,但经过几十年的忍饥挨饿,当它从坟墓中爬出来的时候,已经只剩下病病殃殃、发育不良、畸形丑怪了。他已经没有音乐上的资源、精神上的资源把《拜伦在意大利》从它一开始就陷入的贫乏单调的轨迹中超拔出来。它已经变成了一个梦游者可能写出的那种作品了。

他叹了口气。如果能作为一部非同寻常的小型室内歌剧的作者春风得意地重返社会,那当然是再好不过了。可

276

是并没有那种可能。他的期望必须得更加谦卑一点：从那一片混乱的声音当中，能有那么一个真正的表现不朽之渴望的音符，就像一只鸟一样一飞冲天。而至于这一披沙拣金的工作，他只能寄望于将来的学者，如果到时候还有学者存在的话。他自己是听不到那个音符了，当它被发掘出来的时候——如果真有人能够把它发掘出来，因为他深知艺术以及艺术之道，不会心怀半点奢望。尽管如此，如果露西在有生之年能够亲耳听到，并能稍微改善一下对他的认识，那也已经是求之不得的大好事了。

可怜的特蕾莎！可怜的满怀渴望的姑娘！他已经把她从坟墓中重新带回人间，许诺给她另一次生命，而他终究还是辜负了她。他希望她能发自内心地原谅他。

临时狗舍里的那些狗里面，有一只他渐渐地对它产生了一种特别的好感。那是只年轻的公狗，左后腿因为肌肉萎缩，只能一直拖在后面。是不是天生如此，他也不知道。到这儿来看狗的人里面没有一个表现出收养它的兴趣。它的宽限期马上就要到头了；很快它就将不得不去挨那一针了。

有时候，他在阅读或是写作的时候，会把它从狗舍里放出来，让它以它那怪异的方式在院子里欢蹦乱跳一番，或者挨着他的脚边打个盹。不管在任何意义上它都不是“他的”；他一直都小心地避免给它取个名字（尽管贝芙·肖管它叫三脚架）；不过他依然感觉到这只狗已经对他产生了一种深厚的感情。他已经被那只狗不由分说地、毫无保留地接受了；它会为他去死的，他知道。

那只狗被班卓琴的声音给迷住了。当他漫不经心地拨奏琴弦的时候,那只狗就会坐起来,仰起头,侧耳倾听。当他哼唱特蕾莎的唱词,而且当这哼唱开始充满了感情的时候(他嗓音都好像变得浑厚了),那只狗就会咂着嘴唇,就像是马上也会开口唱起来,或者嚎起来一样。

他敢这么做吗:把一只狗带入这部作品,让它在特蕾莎一段段相思病苦的咏唱中间,面向天空倾吐出它自己的悲叹?有何不可呢?在一部永远都不可能上演的作品中,一切都肯定是可以一试的。

按照约定,星期六一早他去唐金广场帮露西在集市上摆摊卖货。收摊后他带她去吃午饭。

露西的动作正日见迟缓。她已经开始显出一副专注自我、安详平静的神情。她的肚子还不是很显;不过要是他都看得出种种的迹象,格雷厄姆斯敦那些眼睛和老鹰一样尖的女儿们还能被蒙在鼓里多久呢?

"彼得勒斯怎么样了?"他问。

"房子已经盖好了,只剩下天花板和铺设管道了。他们正在往里搬呢。"

"他们的孩子呢?孩子不是马上要生了吗?"

"下周。时间卡得刚刚好。"

"彼得勒斯有没有再给过你什么暗示?"

"暗示?"

"关于你。关于你在他那个计划里的位置。"

"没有。"

"也许一旦这个孩子，"——他朝他女儿，朝她的身体做了个最含混的手势——"生下来，情况就不一样了。不管怎么说，他都将是这片土地的孩子。他们是没办法否认这一点的。"

两人有很长时间都没说话。

"你爱他吗？"

这话虽然是他说的，从他嘴里冒出来的，还是把他给吓了一跳。

"这个孩子？不。怎么可能？不过我会的。爱会成长起来——在这方面你是可以信赖大自然母亲的。我已经决心要做个好母亲，戴维。一个好母亲和一个好人。你也应该努力做个好人。"

"我怀疑对我来说恐怕是太迟了。我只是个正在服我的刑期的老囚犯。不过你只管走你的就是了。这条路你走得很好。"

做个好人。这个决心倒是不坏，在黑暗的时代。

依照心照不宣的约定，这一次他暂且没有到他女儿的农场去。不过，在一个工作日，他沿肯顿公路开了一段，把皮卡停在从大路转下来的路口，步行走完了剩下的那段路，没有沿着那条小路走，而是从草原上穿了过去。

从最后那个山顶望去，整个农场在他面前铺展开来：那幢老房子，仍旧非常结实，那马厩，彼得勒斯的新房子，那个老蓄水池，水面上他能看到的那几个斑点一定是那群鸭子，更大些的斑点肯定是那些大雁，露西远道而来的访客。

从这个距离望去，那花圃变成了一块块实心的色块：品红，玛瑙，灰蓝。鲜花盛开的季节。蜜蜂们肯定像是进入了七重天上的极乐世界。

彼得勒斯不见踪影，也不见他妻子和那个跟他们在一起的豺狼男孩。不过露西倒是正在花丛里干活；而且，当他小心地择路从山坡上往下走的时候，他也能看到那只斗牛犬，就像她旁边小路上的一块浅黄褐色的斑点。

他来到那栅栏前就停下了脚步。露西背朝着他，还没注意到他。她身穿浅色的夏装，脚上穿着靴子，头戴一顶宽大的草帽。当她俯着身子，修修剪剪、捆捆扎扎的时候，他能看到她膝盖背面那乳白色的、露着青筋的皮肤以及宽大、脆弱的肌腱：一个女人的身体上最不漂亮的部分，最没有表现力，因此或许也是讨人喜欢的部分。

露西直起腰，伸展了一下身体，再次俯下身去。田间的劳作；农民的任务，亘古不变。他的女儿正在变成一个农民。

她还是没有意识到他的存在。而那只看家狗呢，那只看家狗好像是在打瞌睡。

就是这样：她曾经只是她母亲体内的一条小蝌蚪，而现在你瞧瞧，她的存在是何等坚实稳固，比一直以来的他都更要坚实稳固。如果一切顺利的话，她会存续很长的时间，会比他长得多。在他死了以后，如果一切顺利的话，她仍然会在这里，在这些花圃中做她日常的工作。而且从她的体内，将会诞生出另一个存在，如果一切顺利的话，将会和她一样坚实稳固，一样绵长持久。它就将这样存续下去，这个生命的世系，而他的份额，他的遗传将无可逆转地变得越来越少，直到被最终忘记，那倒也好。

一个祖父。一个约瑟①。这一点又有谁能想得到！他能指望把什么样的漂亮姑娘追求到手,和一个做祖父的同床共枕呢?

他轻轻叫了一声她的名字。"露西!"

她没听见。

做一个祖父,要承担什么样的责任?作为一个父亲,他并不怎么成功,尽管他比大多数做父亲的都更为努力。作为一个祖父,他的得分可能也会低于平均水平。他缺乏老人应该具备的美德:平静、仁慈、耐心。不过,也许这些美德会随着别的美德的丧失而自然到来:激情的美德,比如说。他一定得再看看维克多·雨果了,这位做了祖父的诗人。②也许能学到些东西。

风停了。有那么一刻,天地间完全安静下来,他真希望能永远持续下去:和煦的阳光,静谧的午后,蜜蜂在花田里忙碌;在这幅画面的中央,是个年轻的女人,das ewig Weibliche③,刚有了身孕,戴着顶草帽。简直就是萨金特④或者勃纳尔⑤

---

① 约瑟(Joseph),《圣经·旧约》中人物,以色列人祖先雅各及其妻拉结所生之子。

② 雨果晚年曾著有诗集《做祖父的艺术》。

③ 德语:永恒的女性。典出歌德名著《浮士德》第二部的结语:"永恒的女性,引我们上升。"

④ 萨金特(John Singer Sargent,1856—1925),美国画家,长期侨居伦敦,以肖像画著称,后致力于壁画和水彩画,主要作品有《某夫人》《康乃馨、百合、蔷薇》及波士顿美术博物馆壁画等。

⑤ 勃纳尔(Pierre Bonnard,1867—1947),法国画家,作品多取材于日常生活场景,早期常作插图、版画等,主要作品有《街头两条狗》《室内》《戴草帽的姑娘》等。

画里的现成场景。像他这样的城市男孩;但即便是城市男孩在看到的时候也能辨认出其中的美,也能惊叹到无法呼吸。

事实上,他尽管读了那么多华兹华斯,他从来就不怎么能够领略到乡村生活之美。其实除了对漂亮姑娘以外,他对任何事物都不怎么具有敏锐的鉴别力;那他这次的感受又是从何而来?现在再来对自己的眼光进行审美教育,为时已晚了吗?

他清了清嗓子。"露西。"他说,更大声了些。

那个魔咒被打破了。露西直起腰来,半转过身,面带微笑。"哈啰,"她说,"刚才没听见你的声音。"

凯蒂抬起头来,眯起眼睛朝他的方向仔细打量。

他从栅栏上翻过去。凯蒂蹒跚地走到他跟前,嗅着他的鞋子。

"你的卡车呢?"露西问。她因为劳作,也许还有点晒伤,满面绯红。她看起来,突然之间,成了健康的化身。

"我停在外面,走过来的。"

"你愿意进屋喝杯茶吗?"

她如此提议,就像他是个客人似的。很好。当个客人,前来拜访:一个新的基点,一个新的起点。

星期天又来了。他和贝芙·肖又一次开始了他们Lösung① 的过程。他先是一只接一只地把猫带进来,然后

---

① 见第 183 页注释①。

就是狗了:年老的、瞎眼的、瘸腿的、残废的,但也有年轻的、健全的——所有那些死期已到的。一只接一只地,贝芙抚摸它们,和它们说话,安慰它们,给它们安乐死,然后站在一边,看着他把尸骸装到黑塑料的裹尸袋里,把口袋封好。

他和贝芙·肖都不说话。他已经学会了,从她身上,将所有的注意都集中在他们正在进行安乐死的动物身上,并以他已不再感到难以启齿的那个恰当的名字来称呼它:爱。

他把最后一个口袋扎好,把它放到门口。二十三。只剩下那只年轻的狗,那只喜欢音乐的狗了;只差那么一点点,他就已经跟在他的同志们后面摇摇晃晃地走进诊所那幢建筑,进入那个镀锌金属桌面的剧场,那里还残留着浓厚而又混杂的气味,包括他这辈子还从没闻到过的那一种:终结的气味,灵魂被释出的那柔和而又短促的气味。

那只狗永远都弄不懂的(就是一连过上一个月的星期天也不行!他暗想),他的鼻子无论如何也闻不出来的是,为什么一只狗一旦进入那个貌似平常的房间,就再也出不来了。在这个房间里有什么事情发生,有什么难以启齿的可怕的事情发生;在这里,灵魂被从肉体中硬拽出来;先是短暂地在空中飘浮一会儿,扭曲盘旋;然后就被吸走,消失不见了。那将超出他的理解范畴,这个房间并不是个房间,而是个黑洞,你的生命就从这个洞里漏掉了。

这变得越来越难了,贝芙·肖曾这么说。越来越难了,不过同时也越来越容易了。你会习惯于事情变得越来越难;对于你已经习惯了的那些艰难的事情还能变得更为艰难,你会不再感到惊奇。要是他愿意,他可以让那只年轻的狗再多活一个星期。可是那个时刻总是要到来的,这是无法逃避的,他终将不得不把他带到贝芙·肖的手术室里来(也许他会把他抱进来,也许他会亲自来为他这么做),爱抚他,把他的毛往后梳,以便针头能够找准血管,轻声对他说话,在他的四肢困惑不解地弯曲扣紧的时候扶住他;然后,当灵魂已经逸出以后,把他蜷起来,装进袋子里,第二天把那个袋子送进熊熊的炉火,眼看着他被烧焦,被烧成灰烬。在他的大限到来的时候,我会亲自为他做这所有的一切。这将是非常小的一件事,比小还要少:微不足道。

他穿过手术室。"那是最后一只了吗?"贝芙·肖问。

"还有一只。"

他打开笼子的门。"来吧。"他说,弯下腰去,张开臂膀。那只狗拖拉着残疾的后腿,闻着他的脸,舔着他的面颊,他的嘴唇,他的耳朵。他听任他这么做。"来吧。"

他把他抱在怀里,就像抱一只羔羊,重新走进手术室。"我还以为你想再多留他一个星期呢,"贝芙·肖道,"你放弃他了?"

"是的,我放弃他了。"

沉沦与救赎

——《耻》译后记

　　二〇〇三年,南非作家约翰·马克斯韦尔·库切(John Maxwell Coetzee)"因通过众多的假面描述了局外人如何被卷入始料未及的生活之中"(who in innumerable guises portrays the surprising involvement of the outsider)①而荣获诺贝尔文学奖,而在此以前,他已经于一九八三年因《迈克尔·K 的人生与时代》、一九九九年因《耻》两次荣获布克奖,成为有史以来两获布克奖的第一人。

　　库切一九四〇年二月九日出生于南非开普敦的一个阿非利堪人(荷兰裔南非白人)家庭,父亲学的是法律,但只断断续续地做过律师,此外还做过政府雇员、参过军,后来因为涉嫌挪用款项而放弃了律师工作,只能在一家小公司里担任会计工作;母亲是位具有知识分子气的小学教师。他们虽是阿非利堪人,并非英国后裔,在家庭当中却一直都讲英语,和他农场的亲戚们讲阿非利堪语(南非荷兰语)。

---

　　① 不知何故,我所看到的中文资料的表述大多为"因'精准地刻画了众多假面具下的人性本质'而获诺贝尔文学奖"。

库切小时候因为父亲职业上的污点，因为他的罔顾家庭和酗酒贪杯而跟他关系疏远，甚至在某种程度上对他憎恶不已；和母亲则极为亲密，他对这种母子间过于亲密的关系有充分甚至过度的自觉，对这种关系既无比依恋，同时又有意识地想要抗拒和挣脱。长大后他对自己与父亲的关系也有深刻的反思，这种反思集中体现在他的第三部自传体小说《夏日》当中。库切父系的祖上一直拥有一座"百鸟喷泉"农场，他一直将其视为他精神的故乡，他的"初始地"，对他的成长和创作都起过极为重要的影响。

库切是个品学兼优的好学生，在中学阶段哪怕是考试成绩位列第二都会难过不已。他就读开普敦大学期间修读了英语文学和数学两个专业，并且全都拿到了荣誉学位。一九六二年，库切离开南非，来到了伦敦。南非从一九四八年起正式开始实施种族隔离政策，六十年代正是种族隔离最为剑拔弩张的时期，对所有的南非白人青年实行义务兵役制，而他随时都有被强征入伍的危险。库切到伦敦去，首先就是为了逃避兵役，他在第二部自传体小说《青春》中明确说过：去当兵"他可受不了，他会割腕的。唯一的出路就是逃走"。而所以去伦敦是因为英国是南非的宗主国，是他文化上的母国，在第一部自传体小说《男孩》中库切就曾描述过他对英国的向往："对于英国和与英国有关的一切事物，他深信自己都怀有忠诚的信念。"他在一篇文章中对从殖民地来到英国的奈保尔的评论也完全适用于他自身："（他们）接受的殖民地教育，按照大都会的标准，是滑稽过时的。然而，正是这种教育使他们成为一种在母国已经衰微的文化的受托人。"

　　拥有数学学位的库切在伦敦得以进入 IBM 公司工作，成为第一代电脑程序员，这也正是他在大学修读数学的初衷：虽然"爱"与"艺术"才是人生中唯一值得追求的目标，但你得先有能力养活自己。与此同时，他决定远程完成开普敦大学的英语硕士学位。虽然他最喜欢的诗人是庞德和艾略特，他还是选择英国小说家福特·马多克斯·福特作为他硕士论文的研究对象，因为庞德认为福特是被文学界所忽视的最伟大的散文作家，他基本上认同这一判断。完成硕士论文后，他感觉身处冷战时期的伦敦就像是陷入了一条死胡同，开始申请美国大学的助学金，一九六五年通过富布莱特项目的资助进入美国得克萨斯大学奥斯汀分校攻读博士学位，他的博士论文是借助计算机对他最喜欢的散文作家塞缪尔·贝克特早期的小说作品进行风格分析。一九六三年，库切返回南非完成硕士论文期间，与大学同学菲丽帕·贾伯尔结婚，而他的儿子尼古拉斯和女儿吉塞拉都是他在美国攻读博士学位期间出生的。

　　一九六八至一九七一年，库切在纽约州立大学布法罗分校担任助理教授，他寻求在美国的永久居留身份，提出的主要申请理由，是他出生于美国的一双儿女如果不得不返回实行严格的种族隔离的南非，有可能遭遇的种种困境。此时美国国内反对越战的呼声越来越高，学校当局对校内的反战活动却采取压制政策，并请警方进驻学校。历来不愿意参加任何公众集会的库切，这次和同事们一起前往校长办公室进行静坐抗议，结果他们共四十五人因"非法侵入"罪而被逮捕。虽然后来完全撤销了对他们的指控,但他永久居留美国的申请却也因此而遭到拒绝。

无奈返回南非以后,库切在自己的母校开普敦大学的英语系谋到了教职,直到他于二〇〇一年十二月退休,一直都在这里任教。一九八三年他被晋升为总体文学(相对于国别文学)教授,一九九九年以后更是被聘为杰出文学教授。一九八四至二〇〇三年间,库切受邀经常性地在美国多所大学短期任教,其中包括纽约州立大学、约翰·霍普金斯大学、哈佛和斯坦福大学,尤其是担任芝加哥大学社会思想委员会的委员和教授达六年之久,每年在芝大任教三个月。二〇〇二年,他与伴侣多萝西·德莱弗一起移居澳大利亚的阿德莱德市,任阿德莱德大学英语系的名誉研究员,多萝西也在同一所大学担任学术研究员。二〇〇六年,库切正式入籍澳大利亚,成为澳大利亚公民。

库切于一九六九年开始他的文学创作,第一部小说《幽暗之地》于一九七四年在南非出版。一九七七年的《内陆深处》获得南非最重要的 CNA 奖①,在英、美两国出版,一九八〇年的《等待野蛮人》引起国际关注,而一九八三年的《迈克尔·K 的人生与时代》真正为他赢得了国际声誉,荣获布克奖。一九八六年出版重述鲁滨孙故事的《福》,一九九〇年出版《铁器时代》,一九九四年出版以陀思妥耶夫斯基为主角的小说《彼得堡的大师》,一九九九年出版

---

① CNA 奖全称为 Central News Agency Literary Award,有人译作"中央新闻社文学奖"。

《耻》，为他赢得了第二个布克奖。定居澳大利亚以后，库切于二〇〇五年出版小说《慢人》，二〇〇七年出版《凶年纪事》，二〇一三年出版《耶稣的童年》，二〇一六年出版其续篇《耶稣的学生时代》，二〇二〇年出版其终结篇《耶稣之死》。

库切对于自传体写作一直具有浓厚的兴趣并持有独到的见解，他认为所有的自传都是在讲故事，而所有的创作都是一种自传。艺术家的创作目的不是为了忠实地再现事实，而是要使用与处理事实："真正的自传取决于数据的选择和遗漏。"经过这种有意的选择与遗漏以后，艺术家能比历史家呈现出更为完整的人性真相。秉持这样的原则，库切创作了三部自传体艺术作品：一九九七年的《男孩》、二〇〇二年的《青春》和二〇〇九年的《夏日》。

一九九九年的《动物的生命》是一部小说化的批评著作，二〇〇三年作为一部分被纳入更为完整的同类型的作品《伊丽莎白·科斯特洛：八堂课》，《凶年纪事》某种程度上也可以视为这样的作品。一九八八年的《白人写作》是一组论述南非文学和文化的论文，一九九二年的《双重视角》兼收他的论文以及与戴维·阿特维尔之间的访谈，一九九六年的《冒犯》是对南非种族隔离政策之下文学审查的专题研究，二〇〇三年的《异乡人的国度》收集了他后期的文学评论作品。二〇一三年的《此时此地》是库切与美国作家保罗·奥斯特的通信集，二〇一五年出版了与阿拉贝拉·库尔茨合写的《好故事：事实、虚构与精神疗法的交流》。

库切是当代文学界著名的隐士，他不喜欢抛头露面，不喜欢接受记者的采访,不喜欢谈论自己的作品(他曾对自己的传记作者 J. C. 坎尼米耶明确表示:"我一直遵循的原则是让我的书在不受我任何干预的情况下进入这个世界。我特别不希望在书上面加上任何作者的解释。"),身为两获布克奖的第一人,这两次颁奖他竟然都没有出席。南非作家里安·马兰曾说:"库切是个几乎具有僧侣般自律和献身精神的人。他不喝酒、不抽烟、不吃肉。他骑行很长的距离以强身健体,一周的七天里每天早上都至少花一个小时用于写作。一个和他共事过十多年的同事说只见他笑过一次。一个和他一起参加过几次宴会的熟人说没有听他说过一句话。"

库切还不到十岁,南非就进入了种族隔离时期,与种族隔离相伴而生的还有对文学的审查政策。库切和安德烈·布林克(也是库切的好友和同事)、布雷顿·布雷顿巴赫被公认为"阿非利堪文学中反对种族隔离运动的急先锋"。库切在一九八七年接受耶路撒冷奖时曾说到,南非的文学艺术,其局限性的根源在于它们的结构就是"畸形与发育不良的人际关系"的产物,是"畸形与发育不良的内心生活"的产物:"南非文学是一种受到束缚的文学。它不是一种得到全面发展的人类文学。它正是那种你预期关在监狱里的人会写出来的文学。"学者伊西多尔·迪亚拉将库切、纳丁·戈迪默和安德烈·布林克誉为"南非三位最杰出的白人作家,全都负有明确的反种族隔离的责任担当"。

尽管如此,库切的文学创作却迥异于直接以作品抨击种族隔离的他的挚友兼同事布林克,甚至他的前辈——另一位诺奖作家戈迪默。库切是个真正的艺术家,作为"南非最具书卷气的作家",他在历史事实与文学创作之间划出了一条泾渭分明的分界线,他坚决反对用文学去直接反映所谓的现实问题,因为那只会使文学沦为宣传工具和政治的传声筒。尽管有同样的责任担当,他与布林克和戈迪默的最大不同之处就在于,他从来就无意于在小说中直接表现南非政治现实的困境。库切在一九八七年做过一场名为"当代小说"的演讲,其中提到南非作家的压力就是要做所谓的"文化工作者",被要求写出具有历史意义的作品,在他看来,这是将文学降低成了只不过是历史文本的补充,而小说是"处在历史之外的,它会产生它自己的神话和结论。小说没有历史与历史学科竖立起来的那些对立范畴,如阶级冲突、种族冲突,或其他任何的对立冲突"。他认为小说的真相与历史的真相是互相竞争的两种真相,他坚决抵制"历史话语对小说的殖民",他坚决捍卫的是"讲故事"的方式,是"另一种思维模式",因为他认为,相对于历史的事实,小说能更好地表现真实,是一种更高层次的真实。他在耶路撒冷文学奖的获奖答谢词中同时还尖锐地指出,南非的种族冲突已经占据了作家的全部心灵,以至于没有为其他主题留下任何空间。而他的创作旨趣就是去开掘人性中那更为深层的、更具有根本性的其他的空间。即以种族隔离政策所造成的恶果为例,库切所关注的并非这种种族压迫本身的残酷,他所关注的是这种压迫对人类的精神所造成的困境,以及它对于人性本身所造成的戕害和亵渎。

从某种意义上来说,这就是《耻》这部代表作的关节所在。

相对于具有浓厚寓言色彩的《等待野蛮人》、故意模糊时代和社会背景的《迈克尔·K的人生与时代》,或者分别由笛福的《鲁滨孙飘流记》和陀思妥耶夫斯基的《群魔》生发而来的《福》与《彼得堡的大师》等作品,《耻》貌似一部与南非的历史与时代具有非常切实的相关性的现实主义作品。故事发生在后种族隔离时期,差不多就是作者写作这部小说的同时代,但历史虽已过去,历史巨轮的碾压对人性所造成的创伤却仍然存在,甚至更其明显地表现出来。库切想通过自己的创作来探讨多年的政治暴力究竟对人类的精神造成了怎样的戕害,相对于为历史充当注脚的"补充式写作",库切希望通过自己与历史相竞争的"竞对式写作",在更深的层次上抽剥出历史的独特和神秘,展现出人性在对抗野蛮的过程中尽管无比脆弱却又不绝如缕的坚韧力量。

戴维·卢里现年五十二岁,离过两次婚,原开普敦大学学院的现代语言学教授,专长是浪漫主义诗歌研究,但学校现已改称开普技术大学,在"合理化调整中"他所在的现代语言专业干脆被取消了,他于是被降格为副教授,改教传播技巧。学校对他们这批变相失业的老古董网开一面,为了"保持他们的精神面貌",允许他们可以每年开一门专业课,不管有多少学生愿意选修,他于是开了一门"浪漫主义诗人"的选修课。年轻时期的卢里风流倜傥,猎艳无数,算得上情场上的常胜将军,可现在的他要想满足自己性事方面的生理要求,就只能花钱去买——或者,利用自己的职权去获取了。

卢里与他的学生梅拉妮之间的性关系是典型的权力与欲望的关系:生理欲望借由权力去实现,在实施权力的过程中又会加强这种欲望的强度。在这一关系里,他是主动的施暴者,梅拉妮是被动的受害者,虽然这其间也有微妙的反动,但这个基本的施—受关系是不变的,对此,卢里本人是有清醒的认识的(尽管实际上已经大大为自己进行了开脱):"她行为恶劣,她得寸进尺以后还想侥幸逃脱;她这是在学着利用他,而且可能还想进一步盘剥利用他。可如果说她是赚了便宜还卖乖,他赚的便宜就更多了;如果说她行为恶劣,他的行为只有更糟。在这个意义上,他们算是彼此彼此,如果他们真是彼此彼此,他也是那个领头的,而她只是个跟随的。他可不要忘了这一点。"卢里与梅拉妮的性爱关系是主对从(老师对学生)、男(权)对女(权)的侵犯。

但在接下来校方对卢里的调查中,权力的结构就调了一个过儿。针对梅拉妮提出的性骚扰指控,学校组织了一个纪律委员会专职调查此事。委员会的组成与质询的具体过程貌似公开、公允,表面上他们是在调查梅拉妮对卢里的指控是否属实,实际则是已预先设定卢里有罪(尤其委员会中社会学系的拉索尔与来自商学院的女性成员,隐含着女权对于男权的反拨):尽管卢里完全接受梅拉妮对他的指控,承认自己有罪,但委员会需要的不只是这个,而是一定要他在内心深处承认自己有罪,换句话说他承认自己有罪并不是最重要的,最重要的是他是以什么态度承认有罪的。这是公权对私权的粗暴侵犯。对此,卢里是有清醒的认识的:"私人生活成了公共事件……他们想要的是热闹的公开表演:捶胸顿足,悔恨交加,最好再来个涕泗横流。"阿特维尔也曾明确指出:"卢里拒绝做出人们所期望的忏悔,承认自己的罪责……(是因为)在卢里看来,制度上驱动的忏悔与和解是……对私人生活的另一场攻击。"所以,他不无夸张地说,他宁愿被一枪爆头,也不接受貌似并不严重的公开发表一个致歉声明的妥协条件。结果他当然没有被一枪爆头,但失去了教职。

之后他离开开普敦,到在农场安家的女儿露西那里小住一段时间,为的是"休养生息,重整旗鼓"。女儿在嬉皮时代和一帮朋友来到乡下农场,后来和自己的同性伴侣留了下来,现在伴侣也离她而去,她就一个人在农场过活。"一群狗和一支枪;炉里的面包和地里的庄稼。真是够奇怪的,他和她母亲都是典型的城里人,是知识分子,居然生出这么一个返祖的、健壮的年轻垦殖者。不过也许造就她的并不是他们:也许历史起到了更大的作用。……新一代的拓殖农民。以前是养牛种玉米。现在是养狗种水仙。改变的地方越多,就越是万变不离其宗。历史在重复它自己,尽管是以一种更加温和的方式。也许历史已经学到了教训。"

"历史"是什么?历史是当初荷兰人来到南非,最先开垦的就是农场,是自己劳动,同时也役使土著黑人为自己劳动。历史是后来白人和有色人种种族隔离。布尔人是主

294

人,黑人是奴仆;白人拥有公民权,是国家的主人,有色人种没有公民权,仍旧是奴仆。现在,丑恶的种族隔离时代终于结束了,而且露西的帮手兼合伙人彼得勒斯就是曾经只可能是奴仆的黑人,那么"历史"学到了它的教训了吗?

"事实"是三个男人,准确地说是两个男人和一个男孩(当然是黑人,但作者并没有强调肤色和种族,甚至有些故意含混其辞,就连彼得勒斯,作者也从没明确地说过他是个黑人)洗劫了农场、轮奸了露西、烧伤了卢里,残杀了狗群。"历史"非但没有学到它的教训,反而在疯狂地发泄它的仇恨,在变本加厉地进行报复。

不但是轮奸,而且满怀仇恨。最让露西感到恐怖的是:"那实在是太私人化了……他们带着那么强烈的私人仇恨。那是比什么都更加让我感到震惊的。其他的……也不过意料之中。可他们为什么那么恨我?我都从来没有见过他们。"卢里的看法是:"那是历史在通过他们发言……一段错误的历史。……那看起来似乎是私怨,但并不是。那是从先辈那儿传下来的。"

痛定思痛,卢里多次劝说露西离开农场,到荷兰去,至少到城市里去,但露西还是坚决地留了下来:"如果这就是你想继续在这儿待下去必须付出的代价呢?也许他们就是这么看待这个问题的;也许我也应该这么来看。他们认为我欠了他们什么。他们把自己看作讨债的,看作收税的。我什么都不付,为什么能被允许住在这里?也许他们就是这么告诉自己的。"她决定留下来,直面自己的命运,偿还祖辈的债务,补交拖欠的税款。为了能留下来,她愿意把土地交给原来的奴仆彼得勒斯，成为他名义上的妻子，并且生下那个由仇恨播种的混血的孩子。

"多么耻辱，"他最后道，"如此高的期望，到头来落到了这步田地。"

"是的，我同意。是很耻辱。不过也许这是个重新开始的不错的起点。也许这就是我必须学着接受的东西。从最低一层开始。从一无所有开始。不是'一无所有，然而'。是真正的一无所有。手里没有好牌，没有武器，没有财产，没有权利，没有尊严。"

"像狗一样。"

"是的，像狗一样。"

露西决定在耻辱中从零开始，那么戴维·卢里又何去何从呢？

还在大学教书时，他就想写一部以拜伦及其意大利的情人特蕾莎的关系为主题的室内歌剧，以此表达他对于两性之间爱情的思考。身为浪漫主义诗歌的旗手，拜伦不但是他学术研究的对象，两人又同样在私生活方面都阅人无数，他必定也将自己投射在他身上，所以一开始的构思，拜伦肯定是当然的主角。可是随着他在耻辱中越陷越深，这部一直在他头脑中酝酿的歌剧也开始变得面目全非：特蕾莎逐渐从配角成为主角，而且是已经中年发福、成为寡妇的特蕾莎，那一直在幽冥中徘徊、生命的源泉已经干涸的拜伦——还有卢里本人——反而要靠这样一个女人来拯救了，因为："特蕾莎已经超越了尊严。她面向太阳袒露出自己的乳房;她在用人面前弹奏班卓琴,根本不在乎他们会不会耻笑她。她心怀不朽的渴望,并唱出了她的渴望。她永不会死去。"

幸运的是,在现实生活中,还有一个特蕾莎式的贝芙·肖,或者不如说,正是因为有了这个贝芙·肖,他倾注了全副心血的那部歌剧的主角才由拜伦转变成了特蕾莎。

贝芙致力于救治那些伤病在身以及已被遗弃的动物,或者不如说是仁慈地处死那些没人要了的动物,爱抚他们,安慰他们,给他们悲惨耻辱的一生一个充满温暖和关爱的结局。在给贝芙打下手的过程中,卢里主动承担起了亲自焚化已被安乐死的那些狗尸的任务。他这个原本如此自私自大的人怎么会自告奋勇地承担起了如此卑贱的工作?"那就是为了他自己。为了他对于这个世界的认识:在这个世界中,人们不会只是为了更方便处理就用铁锹把狗的尸体拍打成另外一种形状。"

因为:"他已经学会了,从她身上,将所有的注意都集中在他们正在进行安乐死的动物身上,并以他已不再感到难以启齿的那个恰当的名字来称呼它:爱。"

至此,原本在尘世的耻辱中越陷越深的戴维·卢里已经得到了精神上的救赎。

卢里特地去向梅拉妮的父母道歉的时候,梅拉妮那笃信宗教的父亲曾嘲讽他:"大英雄何竟沉落!"其实不光是主人公卢里,可以说《耻》这部小说中所有的人物以及动物,无不处在耻辱当中。而且小说采用的现在时的叙述时态,再加上小说的标题,也都清楚地表明,"耻辱"是一种持续不断、永远延续下去的状态。也正因此,库切在作品中从不特别去强调种族和肤色问题,因为在库切看来,人生、生活的真相就是耻辱,耻辱的状态是种常态,你无处可逃。

库切曾如此评价他的偶像贝克特的文学世界:"这是一个要么空间逼仄要么荒凉不毛的世界,居住着不合群的、实际上是厌恶人类的独白者,他们无助地想终结他们的独白;他们是一些撑着衰弱的身体和不眠的头脑的流浪者,被罚去踩炼狱的踏车,反复排练着西方哲学的伟大主题。"这个伟大的主题无非就是人类是否,以及如何才能得救的终极拷问。而他对于贝克特以下的评论,也几乎可以一字不差地用来描述他自己的创作:"人生没有安慰,没有尊严,没有仁慈的承诺,我们所面临的唯一的责任——尽管莫名其妙又很徒劳,但仍然是我们的责任——就是不要对我们自己撒谎。"对于这个唯一的责任,库切完成得怎么样呢?英国著名专栏作家伯纳德·莱文是这样来评价他的:"我从来不知道还有一个作家像他这样愿意袒露自己的后背,用自己手中的棍棒来抽打自己,宣称自己是人类苦难的一部分,也是让人类遭受苦难的源头的一部分。"

一方面是对人生的真相近乎残酷的清醒和不留一点退路的决绝,如诺奖的授奖词所言:"他是一个极为严格的怀疑论者,对西方文明中残酷无情的理性主义和涂脂抹粉的道德原则给予毫不留情的批判。他理性上的诚实销蚀了所有予人慰藉的基础,并使其远离自责与忏悔的廉价俗丽的戏剧表演。"另一方面则是对于基本的人性原则的坚守以及对于野蛮的憎恨。库切在第一部小说《幽暗之地》中就深入思考了野蛮的内涵："真正的野蛮是什么呢？野蛮是一种生活方式，蔑视人的生命的价值，从别人的痛苦中得到感官的快乐。"如果容许他再稍加修改的话，我想，他会在"人的"和"别人的"后面再加上"动物的"这几个字的。也正是由于对这种基本人性原则的坚守，卢里才会主动承担起捍卫狗尸的尊严的责任。格拉斯哥的斯特拉斯克莱德大学在授予库切名誉文学博士的嘉奖词中曾明确指出："库切的作品提出了一个问题，而且是以最不妥协的方式提出的，那就是：什么是人性，什么是承认别人的人性。"

在我看来，极端的清醒与无限的悲悯是任何一位伟大作家应当具备的基本素质。而这两方面在库切身上都体现得异常清晰。库切的悲悯之心无比广博，不但面向人类，也同样面向动物，甚至没有生命的物品。他的首部自传体小说《男孩》中有一段他人生的最初回忆，几乎像个预兆，照亮了他以后那个无限悲悯的文学世界，值得在这里全文引用：

> 他和母亲一起坐在一辆长途大巴上。那肯定是很冷的一天，因为他穿着红色的羊毛长袜，戴着有绒球的红色羊毛帽子。汽车的引擎费劲地轰鸣着，他们正朝荒无人烟的斯瓦特山隘口爬行。他手里捏着一张包糖果的纸。手伸出车窗外，糖纸在风中沙沙作响。"我可以扔掉吗？"他问母亲。她点点头。他松开手指。那纸片在空中飞舞着翻卷着。山隘下面是阴森森的深渊，四周环绕着冷冷的山峰。他向下探视一下，刚才飞

出去的纸片还在迎风飞舞。"它怎么回事?"他问母亲,但是她也不明白,他一直在想着那张纸片,它孤零零地在一片大空旷之中飞舞。他本来不该扔掉的。总有一天他会回到斯瓦特山隘口,去找到它,去拯救它。这是他的职责:在他完成这事情之前他不会死去。

库切小说中的人物都是一些弱者和失败者,他们貌似缺乏挺身而出与这个世界英勇奋争的勇气,不过正如诺奖的授奖词所言:"被动性不单单是吞噬个性的黑霾,同时也是人类的最后一方避难所:人们可以以无法理解其意图为理由拒不执行一个暴虐的命令。正是在对人的弱点与失败的探索中,库切捕捉到了人性中那神圣的火花。……通过深入的阅读你会发现一个反复出现的模式,他认为急剧下落的人生旅途是他的人物得以拯救的必由之路。他的主人公总是被一种沉沦的强烈欲望所裹挟,但在被剥尽了所有外部尊严的过程中却又貌似自相矛盾地获得了力量。"这段话用来描述《耻》,是再合适不过的了。

库切在《凶年纪事》中借主人公老作家之口,探讨了一下什么是真正的"经典作品",也隐然是对自己的期许:"经典作品"是"那些经受了时间考验或可称之为'试金石'的作品,它们以人道的理念、贯穿人性的故事来感动你,重塑你的信念:普里阿摩斯吻着阿喀琉斯的双手,向他恳求儿子的尸体;彼佳·罗斯托夫那天早上等候上马时兴奋得浑身颤抖,而他却正面临着死亡"。

后面他又接着说:"说到再现这个现实世界,没有人比得上青年的列夫·托尔斯泰,没有任何作品能比托尔斯泰的《战争与和平》写得更加栩栩如生。《战争与和平》之后,如果诉诸通常的评价标准,托尔斯泰是堕入了一个漫长的衰退期,他的启蒙主义的说教在晚年枯燥的短篇小说里达到了极点。然而,在老年的托尔斯泰看来,这种变化自有其异乎寻常的意义。他一定认为,自己远非衰退,而是摆脱了从前禁锢了他的诸般镣铐,使他能够真正直面自己的灵魂问题:该怎么活。"

　　而这是否也是已步入老年的库切本人的思考呢?

冯　涛

于二〇二〇年大疫中